Title/Subtitle: **Descifrando el mundo con números: Un recorrido histórico por la Estadística y su convergencia con la Ciencia de Datos (De la Estadística a la Ciencia de los Datos. Una perspectiva histórica.)**

Author: Toni Monleón-Getino, Jaume Canela-Soler, Nicolas Ayala, Ricardo Borja

Copyright: Open Acces (Uso no comercial) Year 2024

ISBN: 978-1-304-27433-5

9 781304 274335

LIBRO ACADÉMICO DE DIVULGACIÓN.

Editorial: Lulu Press, Inc.

Descifrando el mundo con números: Un recorrido histórico por la Estadística y su convergencia con la Ciencia de Datos

De la Estadística a la Ciencia de los Datos. Una perspectiva histórica.

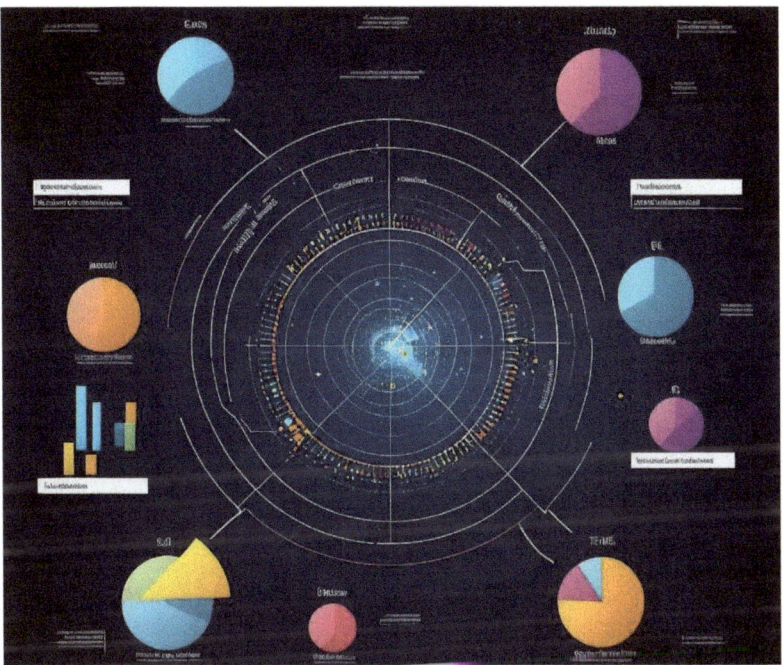

Toni Monleón-Getino, Jaume Canela-Soler, Nicolas Ayala, Ricardo Borja. 2023-2024

Universitat de Barcelona

CONTENIDO

NOTA IMPORTANTE

Este libro es un compendio sobre la estadística y la ciencia de datos que reúne material previo de los autores, otros recopilatorios y herramientas de inteligencia artificial.

Recursos utilizados:

- Trabajos previos de los autores sobre estadística y ciencia de datos.
- Recopilaciones existentes sobre estas temáticas.
- Herramientas de inteligencia artificial:
  - Geminis: para el procesamiento y análisis de texto.
  - ChatGPT: para la generación de texto y la creación de diálogos.
- Artguru: para la creación de imágenes y gráficos.

Es importante destacar que este libro no es completamente una obra original, sino que se ha elaborado a partir de la recopilación, adaptación y síntesis de información proveniente de diversas fuentes que se han citado o intentado citar. A pesar de esto, creemos que este libro puede ser un recurso valioso para aquellos interesados en aprender sobre estadística y ciencia de datos. La combinación de material previo, nuevas perspectivas y la utilización de herramientas de inteligencia artificial ha dado como resultado un texto completo, actualizado y accesible.

Agradecimientos: Los autores quisieran agradecer a todas las personas e instituciones que han contribuido a la creación de este libro, especialmente a los desarrolladores de las herramientas de inteligencia artificial utilizadas.

Aviso legal: Este libro se ha creado con fines educativos y no debe considerarse como un sustituto del asesoramiento profesional en materia de estadística o ciencia de datos.

AGRADECIMIENTOS

En primer lugar, me gustaría expresar mi más sincero agradecimiento a los profesores **Antonio Miñarro, Carles Cuadras y Miquel Calvo de la Secció d' Estadística (Fac de Biologia, UB)**, por su invaluable colaboración en la creación de la exposición "Rincón de los Datos". Su entusiasmo y generosidad han sido fundamentales para el éxito de esta iniciativa.

De igual manera, quiero agradecer a todas las personas que han donado sus objetos para la exposición y han colaborado en la misma. Su contribución ha enriquecido enormemente el contenido de la muestra y nos ha permitido comprender mejor la historia del almacenamiento de datos a través del tiempo.

"Rincón de los Datos" es una exposición en la Facultad de Biología (Edificio Margalef) sobre Estadística, historia de la Facultad y curiosidades que fue inaugurada en 2022.Gracias a la colaboración de todos, la exposición "Rincón de los Datos" se ha convertido en un espacio de aprendizaje y reflexión sobre la importancia de los datos y su papel en la sociedad.

Algunos objetos de la exposición "Rincón de los datos" (dato, dados trucados y escuadra de carpintero)

PRÓLOGO

La Estadística, con su origen en las Matemáticas, ha cautivado a las mentes más brillantes a lo largo de la historia. Desde sus inicios como herramienta para contar y ordenar el mundo que nos rodea, hasta su evolución en la poderosa Ciencia de Datos, la Estadística ha impactado de forma profunda y significativa en diversos campos del conocimiento.

En este libro, embarcaremos en un viaje apasionante a través del tiempo, explorando la evolución de la Estadística desde sus raíces hasta su convergencia con la Inteligencia Artificial en la era actual. Descubriremos cómo los grandes avances tecnológicos y el crecimiento exponencial de los datos han impulsado la transformación de la Estadística en la Ciencia de Datos, una disciplina que abre un universo de posibilidades para el futuro.

Un recorrido histórico

Comenzaremos nuestro viaje desentrañando los hitos históricos que marcaron el desarrollo de la Estadística. Desde las primeras aplicaciones en astronomía y demografía, pasando por la revolución del cálculo de probabilidades y la inferencia estadística, hasta la explosión de la informática y el Big Data, exploraremos las ideas y los personajes que forjaron esta disciplina.

Un legado de grandes mentes

A lo largo de este recorrido, nos encontraremos con figuras como Darwin, Fisher, Neyman, Pearson y muchos otros pioneros que sentaron las bases de la Estadística moderna. Sus contribuciones, desde la teoría de la evolución hasta el diseño experimental y la inferencia causal, han dejado una huella imborrable en el desarrollo del conocimiento científico.

Trabajos previos como base

Este libro se nutre de investigaciones y publicaciones anteriores, como "Importancia de Darwin en el desarrollo de la estadística moderna" (Monleón, 2010) y "Causality in Medicine and Its Relationship with the Role of Statistics" (Monleón-Getino & Canela Soler, 2017). Estas obras aportan una base sólida para comprender la evolución de la Estadística y su papel fundamental en la medicina y otras áreas del saber.

Un enigma por resolver

A lo largo de este viaje histórico, nos embarcaremos en la búsqueda de una respuesta a un gran enigma: ¿Cómo hemos llegado hasta aquí? ¿Cómo la Estadística, nacida de las Matemáticas, ha desembocado en la poderosa Ciencia de Datos que hoy conocemos?

Invitación a la aventura

Te invitamos a unirte a esta apasionante aventura intelectual. Acompáñanos a explorar la rica historia de la Estadística y a descubrir cómo esta disciplina ha transformado nuestra forma de entender y analizar el mundo.

Un viaje que apenas comienza

Este libro es solo el comienzo de un viaje fascinante. A medida que avancemos en la lectura, desentrañaremos los entresijos de la Ciencia de Datos y su impacto en la sociedad actual. Te invitamos a reflexionar sobre el futuro de esta disciplina y su potencial para transformar el mundo que nos rodea.

¡Prepárate para embarcarte en un viaje lleno de descubrimientos y sorpresas!

UN SUEÑO

Para empezar una historia sobre la importancia de las matemáticas y en especial de la probabilidad en nuestra vida diaria

Sueños de calle y lluvia: Una historia corta

El sol radiante de la mañana se colaba por la claraboya piramidal de la facultad, despertando a Carlos de un sueño extraño. En él, la sequía que azotaba la ciudad se rompía por una lluvia torrencial que golpeaba la claraboya con un ritmo hipnótico, como si un caballo invisible trillara la era.

Al salir de casa, Datosio* notó la acera mojada. ¿Habría llegado por fin la lluvia tan ansiada? Su mente de estadístico se puso a trabajar, analizando las posibles causas: lluvia reciente, riego de jardines, un transeúnte despistado...

"Aunque la lluvia es poco probable", pensó Datosio, "no es imposible". Cada nueva observación, cada charco en la acera, cada hoja mojada, ajustaba las probabilidades en su mente, como si jugara una partida de ajedrez contra la incertidumbre.

Finalmente, al llegar a la facultad, la evidencia era abrumadora: la calle entera estaba empapada, los árboles brillaban bajo la lluvia persistente. Un sonrisa se dibujó en el rostro de Datosio. El sueño, al parecer, no era tan estrafalario como había pensado.

Sin embargo, una duda lo asaltaba. ¿Y si todo era una ilusión? ¿Y si la lluvia era solo parte de un elaborado sueño colectivo? Decidido a resolver el misterio, Datosio se dirigió a su vieja confidente, ChatGPT, la inteligencia artificial que siempre tenía las respuestas.

"¿Crees que la lluvia es real?", preguntó Datosio a ChatGPT.

ChatGPT analizó los datos meteorológicos, las imágenes de las cámaras de seguridad y los tuits de los ciudadanos. Tras unos segundos de silencio, respondió:

"La probabilidad de que la lluvia sea real es del 99,9%. Pero, como en todo en la vida, existe una pequeña posibilidad de que estemos ante una simulación muy elaborada."

Datosio sonrió. La respuesta de ChatGPT era lo que esperaba. Al final, lo importante no era saber si la lluvia era real o no, sino disfrutar del frescor y la belleza del momento.

Y así, bajo la lluvia real o imaginaria, Datosio se dirigió a sus clases, con el corazón lleno de esperanza y la mente abierta a las infinitas posibilidades que ofrece la vida. Inspirado en historia presentada al VII CONCURS DE

MICRORELATS 2023 | FACULTAT DE BIOLOGIA. [(*)Datosio combina las palabras "datos" y "Osiris", el dios egipcio de la muerte y el inframundo]

1. ALGUNOS CONCEPTOS Y TEORÍA

1.1. LA BASE DEL CONOCIMIENTO

En todos los campos del conocimiento científico, desde las ciencias naturales hasta las ciencias sociales, existe una necesidad fundamental de relacionar hechos, fenómenos y variables. Esta necesidad surge de la búsqueda de patrones, causas y efectos que nos permitan comprender el mundo que nos rodea. En el ámbito de las matemáticas, esta relación se expresa de manera precisa mediante la función matemática, la cual establece una correspondencia exacta entre una variable dependiente y una o más variables independientes.

La necesidad de relacionar hechos, fenómenos, el azar y el uso de variables en la ciencia es una realidad presente en todos los campos del conocimiento. Si bien las funciones matemáticas son herramientas valiosas para modelar relaciones deterministas, en muchos casos la incertidumbre y el azar juegan un papel crucial. La probabilidad y la estadística nos proporcionan las herramientas necesarias para comprender y analizar estos fenómenos, permitiendo un avance significativo en diversos campos científicos

La función matemática en matemáticas y estadística:

La función matemática es una herramienta fundamental en matemáticas, donde se utiliza para modelar relaciones entre variables. La forma general de una función se expresa como $y = f(x)$, donde y es la variable dependiente, x es la variable independiente y f es la regla que determina la relación entre ambas. Las funciones matemáticas tienen múltiples aplicaciones en diversos campos, como la física, la ingeniería, la economía y, por supuesto, la estadística.

Limitaciones de las funciones matemáticas en el mundo real:

Sin embargo, en muchos casos que encontramos en la ciencia, especialmente en áreas como las biociencias (biología, biomedicina, bioquímica, etc), la medicina y la economía, las variables no se comportan de manera tan determinista como lo describe una función matemática. En estas áreas, las variables suelen ser variables aleatorias que toman valores de acuerdo con una distribución de probabilidad. Esto significa que la relación entre las variables no puede expresarse con una precisión absoluta, sino que está sujeta a un cierto grado de incertidumbre.

El azar, la incertidumbre y la probabilidad en la ciencia:

Los conceptos de azar e incertidumbre son tan antiguos como la humanidad misma. El azar se refiere a la ocurrencia de eventos que no pueden predecirse con certeza, mientras que la incertidumbre se refiere al desconocimiento o la falta de información sobre un evento o fenómeno. La probabilidad, por otro lado, es una medida matemática que nos permite cuantificar la posibilidad de que ocurra un evento aleatorio.

Evolución del concepto de probabilidad:

13

El concepto de probabilidad ha evolucionado a lo largo del tiempo. En el siglo XVI, matemáticos como Pacioli, Cardano y Tartaglia comenzaron a realizar las primeras consideraciones matemáticas sobre los juegos de azar, sentando las bases para el análisis de probabilidades. En 1654, Fermat y Pascal formalizaron el estudio de la probabilidad, dando la primera definición formal de este concepto.

Importancia de la probabilidad y la estadística en la ciencia:

La probabilidad y la estadística son herramientas fundamentales para comprender y analizar fenómenos que involucran variables aleatorias e incertidumbre. Estas herramientas nos permiten:

- Describir la distribución de probabilidad de una variable aleatoria.
- Estimar parámetros poblacionales a partir de muestras.
- Realizar pruebas de hipótesis para evaluar la significancia estadística de los resultados.
- Desarrollar modelos estadísticos para predecir eventos futuros.

Veamos algunos ejemplos de aplicaciones de la probabilidad y la estadística en la ciencia:

- En bioquímica: Se utilizan para analizar la distribución de moléculas en una reacción química.
- En biología: Se utilizan para estudiar la variabilidad genética en una población.
- En medicina: Se utilizan para evaluar la eficacia de un tratamiento médico.
- En economía: Se utilizan para analizar el riesgo de inversiones y predecir tendencias económicas.

Las probabilidades se expresan como fracciones o como decimales entre uno y cero y su estudio es una rama de las matemáticas que se ocupa de medir cuantitativamente la posibilidad de darse un determinado suceso. El objetivo de la probabilidad, desde un punto de vista matemático, es exponer cuantitativamente las predicciones en un contexto de incertidumbre. Tenemos muchos ejemplos en los juegos de azar, que existen desde el origen del hombre y que después se han utilizado para comprender los fenómenos naturales.

Veamos algunos usos de conceptos con ejemplos de juegos, de donde la Estadística ha dado grandes figuras.

1.1.1.Los dados y la probabilidad

Si pensamos en un dado que tiene seis lados, la probabilidad de, en una jugada, obtenerse un número (por ejemplo el número 5), es una entre seis posibilidades, es decir, 1/6. Esta forma de deducción estadística, sin embargo, limitada por su escasez de generalidad, ya que no se aplica por ejemplo a los dados cargados o trucados, donde la probabilidad de 6 es > a 1/6. Así pues, la probabilidad es la frecuencia relativa de un determinado resultado en un gran número de repeticiones del experimento.

¿Cuál es la probabilidad de obtener un 6 en el lanzamiento de un dado utilizando la definición frecuentista de probabilidad? Por ejemplo al lanzarlo 100 veces si nos han salido 22 veces el valor de 6: $P(A) = \frac{N_A}{N_{Total}} = \frac{22}{100} = 0,22$

Por tanto, si realizamos el experimento un número "infinito" a veces llegaremos al valor de la probabilidad, ¡lógico!

$$P(A) = \lim_{Ntotal \to \infty} (\frac{N_A}{N_{Total}})$$

Esta interpretación frecuentista de la probabilidad nos permite calcular la probabilidad cualquier evento. Se llaman eventos equiprobables a aquellos que tienen la misma probabilidad de suceder. Por ejemplo, en una moneda no trucada, los eventos salir cara y salir cruz tienen las mismas posibilidades de ocurrir. De la misma forma, en una baraja normal, si extraemos una al azar, cualquiera de las cartas tiene la misma posibilidad de salir.

La interpretación frecuentista de la probabilidad es una herramienta poderosa que se puede utilizar para comprender y predecir eventos en el mundo real. Se utiliza en una amplia variedad de aplicaciones, desde la predicción del clima hasta el control de calidad y las apuestas. La próxima vez que te enfrentes a una decisión que implique incertidumbre, recuerda que la interpretación frecuentista de la probabilidad puede ayudarte a tomar una decisión informada.

Ejemplos de cómo usamos la interpretación frecuentista de la probabilidad en la vida cotidiana:

1. **Predicción del clima:** Los meteorólogos utilizan la interpretación frecuentista de la probabilidad para predecir la probabilidad de que ocurran diferentes eventos climáticos, como lluvia, nieve o sol. Analizan datos históricos del clima para calcular la probabilidad de que cada evento ocurra en un día determinado.
2. **Control de calidad:** Las empresas utilizan la interpretación frecuentista de la probabilidad para controlar la calidad de sus productos. Muestrean al azar productos de la línea de producción y los inspeccionan para detectar defectos. La proporción de productos defectuosos en la muestra se utiliza para estimar la probabilidad de que un producto producido al azar sea defectuoso.
3. **Apuestas:** Los apostadores utilizan la interpretación frecuentista de la probabilidad para calcular las probabilidades de ganar o perder una apuesta. Analizan datos históricos de eventos similares para estimar la probabilidad de que cada resultado ocurra.
4. **Medicina:** Los médicos utilizan la interpretación frecuentista de la probabilidad para evaluar el riesgo de que un paciente desarrolle una enfermedad o experimente un efecto secundario de un medicamento. Analizan datos de estudios clínicos para estimar la probabilidad de que cada evento ocurra.
5. **Marketing:** Las empresas utilizan la interpretación frecuentista de la probabilidad para evaluar la efectividad de sus campañas de marketing. Realizan experimentos para comparar diferentes campañas y estimar la probabilidad de que cada campaña tenga éxito.

Pensemos en ello al:

- **Al elegir un seguro:** Cuando compramos un seguro, consideramos la probabilidad de que ocurra un evento que nos cause una pérdida financiera. La prima del seguro se basa en la probabilidad de que ocurra este evento.
- **Al jugar a la lotería:** Cuando jugamos a la lotería, calculamos la probabilidad de ganar el premio mayor. La probabilidad de ganar es muy baja, pero la posibilidad de ganar un premio menor es mayor.
- **Al decidir si viajar en avión:** Cuando decidimos si viajar en avión, consideramos la probabilidad de que ocurra un accidente. La probabilidad de que ocurra un accidente de avión es muy baja, pero las consecuencias de un accidente pueden ser graves.

1.1.2.La baraja española y la regla de Laplace

Una vez tenemos un evento definido (ej: sacar el as de copas en una baraja), nos preocupa saber si hay pocas o muchas posibilidades de que se verifique al realizar el experimento. Sería interesante tener alguna función que midiera el "grado de confianza" que tenemos en que se verifique un determinado suceso. A esta función la denominaremos función de probabilidad y está asociada a diferentes modelos de probabilidad. Vemos un ejemplo con las cartas españolas.

La historia de los juegos de cartas es muy curiosa y ha ido evolucionando con los conceptos de probabilidad que se desarrollaron. Los juegos de cartas pueden haber aparecido en los siglos IX, XI o XII d.c., según diversas versiones de los historiadores. También se cree que pueden haberse originado en China, Persia o India.

Fue en 1870 cuando Heraclio Fournier, un impresor de origen francés que residía en Vitoria (Álava), presentó su concepto de diseño de baraja española litografiada presentando los diferentes palos del mazo, y que fue premiado en el Exposición Universal de París. La baraja española es un mazo o conjunto de cuarenta y ocho o cuarenta cartas o cartas de la baraja (podemos ver una versión de los años 1980). La versión más usada es la de cuarenta cartas (sin ocho ni nueves) y hay versiones menos regladas de cincuenta y cinco cartas para poder jugar a otros juegos. Las cartas están divididas en cuatro "familias", "peines" o "palos". Los palos son "oros", "copas", "espadas" y "bastones". Pondremos un ejemplo de cómo encontrar la probabilidad de un suceso en un experimento donde los resultados son equiprobables.

Consideraremos una baraja de cartas española estándar de 40 cartas. La probabilidad de salir cada una de las cartas es la misma, digamos p. Si sumamos todas las probabilidades de los eventos elementales, es decir, las 40 cartas, tendremos que la suma vale 40p y que esto debe ser igual a 1. Por tanto, si 40*p = 1, cada carta tiene la probabilidad de salir igual a p=1/40.

Si ahora queremos encontrar la probabilidad de que al extraer una carta nos salga una figura de oros, basta con sumar las probabilidades de todos los acontecimientos elementales que forman este suceso. En nuestro caso: p(figura de oros) = p(bajo de oros) + p(caballo de oros) + p(rey de oros) :

$$p= \frac{1}{40} + \frac{1}{40} + \frac{1}{40} = 3/40$$

En un experimento con resultados equiprobables, la probabilidad de un suceso es el cociente entre el número de resultados favorables al suceso partido por el número de resultados posibles del experimento, es decir, el número de eventos elementales. Este resultado se conoce como:

Regla de Laplace: $p(acontecimiento\ A) = \dfrac{\text{número de casos favorables de A}}{\text{nombre de casos possn}\text{úmero de casos posibles}}$

1.1.3.El modelo normal

En estadística y probabilidad se llama distribución normal, distribución de Gauss, distribución gaussiana o distribución de Laplace-Gauss, una de las distribuciones de probabilidad de variable continua que con mayor frecuencia aparece en estadística y en la teoría de probabilidades. La importancia de esta distribución radica en que permite moldear numerosos fenómenos naturales. Mientras que los mecanismos subyacentes a gran parte de este tipo de fenómenos son desconocidos, por la enorme cantidad de variables incontrolables que intervienen, el uso del modelo normal puede justificarse asumiendo que cada observación se obtiene como la suma de varias causas independientes. El nombre del gran matemático Johann Carl Friedrich Gauss (1777-1855) se ha asociado a esta distribución porque la utilizó con profusión cuando analizaba datos astronómicos y así se popularizó, aunque su auténtico distribuidor fue el matemático Abraham de Moivre (1667-1754).

¿Por qué es tan importante la distribución normal?

Su importancia radica en que permite modelar una gran cantidad de fenómenos naturales, incluso cuando los mecanismos subyacentes a estos fenómenos no se comprenden del todo. Esto se debe a que la distribución normal se basa en el teorema del límite central, que establece que la suma de un gran número de variables aleatorias independientes tiende a seguir una distribución normal, independientemente de las distribuciones individuales de estas variables.

¿En qué áreas de la vida real se utiliza la distribución normal?

La distribución normal tiene una amplia gama de aplicaciones en la vida real, en diversos campos como:

- Ciencias:
    - Física: Se utiliza para modelar errores de medición, distribución de velocidades moleculares, etc.
    - Biología: Se utiliza para analizar el crecimiento de organismos, la distribución de genes en una población, etc.
    - Química: Se utiliza para modelar la distribución de moléculas en una reacción química, etc.
- Ingeniería:
    - Control de calidad: Se utiliza para evaluar la calidad de productos manufacturados, asegurando que se ajusten a los estándares deseados.

- Análisis de datos de experimentos: Se utiliza para interpretar los resultados de experimentos y sacar conclusiones sobre el comportamiento de los sistemas estudiados.
- Finanzas:
  - Análisis de mercado: Se utiliza para modelar los precios de las acciones, los tipos de interés y otros activos financieros.
  - Evaluación de riesgos: Se utiliza para evaluar el riesgo de inversiones y tomar decisiones financieras informadas.
- Ciencias sociales:
  - Psicología: Se utiliza para analizar el comportamiento humano, la distribución de puntuaciones en pruebas de inteligencia, etc.
  - Sociología: Se utiliza para analizar datos de encuestas, la distribución de ingresos en una población, etc.

Algunos ejemplos específicos de aplicaciones de la distribución normal:

- **Predicción de la altura de los estudiantes:** Si medimos la altura de un gran número de estudiantes de la misma edad, es probable que los datos sigan una distribución normal. La media de esta distribución nos dará la altura promedio de los estudiantes, y la desviación estándar nos indicará la variabilidad de las alturas.

- **Control de calidad de bombillas:** Si fabricamos bombillas y queremos asegurarnos de que todas tienen una vida útil similar, podemos medir la vida útil de una muestra aleatoria de bombillas. Si los datos siguen una distribución normal, podemos utilizar la media y la desviación estándar para establecer un rango de vida útil aceptable para las bombillas.
- **Análisis de resultados de exámenes:** Si corregimos un examen de muchos estudiantes, las puntuaciones probablemente seguirán una

distribución normal. La media de esta distribución nos dará la puntuación promedio, y la desviación estándar nos indicará la variabilidad de las puntuaciones.

1.1.4.Medición y medidas estadísticas

La medición es un elemento fundamental en la ciencia y la técnica, ya que nos permite cuantificar las características o rasgos de los objetos y fenómenos que estudiamos. En este capítulo, profundizaremos en los conceptos de medición, precisión y exactitud, explorando su importancia en el ámbito estadístico y las técnicas empleadas para garantizar la confiabilidad de las medidas.

Definición y tipos de medición:

La medición consiste en la asignación de un número a una característica o rasgo observable de un objeto o fenómeno. Esta asignación se realiza mediante un proceso que involucra la comparación de la característica a medir con una unidad de medida preestablecida.

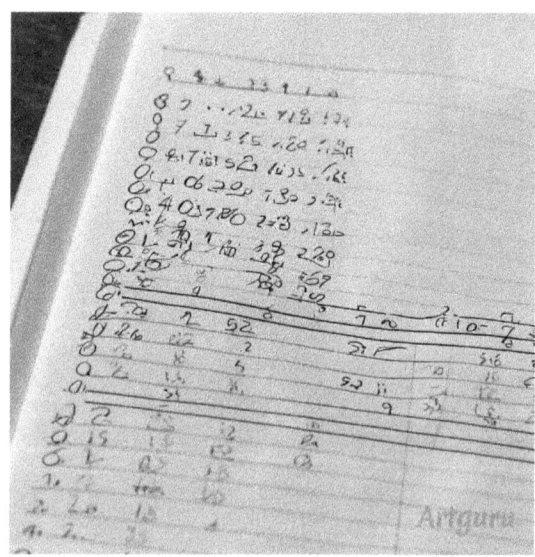

Existen diferentes tipos de medición, según la naturaleza de la característica que se mide:

- **Medición nominal**: Asigna etiquetas o categorías a los objetos o fenómenos, sin establecer un orden entre ellos (por ejemplo, género, color, tipo de material).

- **Medición ordinal**: Establece un orden entre los objetos o fenómenos, pero no indica la diferencia numérica entre ellos (por ejemplo, tamaño de grano, nivel de satisfacción, calificación de una película).
- **Medición de intervalo**: Posee las características de la medición ordinal, pero además, las diferencias entre las categorías son uniformes y medibles (por ejemplo, temperatura, puntuación en un examen, escala Likert).
- **Medición de razón**: Es el tipo de medición más preciso, ya que posee todas las características de la medición de intervalo y, además, tiene un punto cero absoluto (por ejemplo, altura, peso, volumen).

Medidas estadísticas o parámetros estadísticos:

Las medidas estadísticas o parámetros estadísticos son valores que resumen la información contenida en un conjunto de datos. Permiten describir las características centrales y la variabilidad de los datos, facilitando su análisis e interpretación. Algunos ejemplos de medidas estadísticas son:

- Media: Representa el valor promedio de un conjunto de datos.
- Mediana: Es el valor que divide al conjunto de datos ordenado en dos mitades de igual tamaño.
- Moda: Es el valor que aparece con mayor frecuencia en un conjunto de datos.
- Rango: Es la diferencia entre el valor máximo y el valor mínimo de un conjunto de datos.
- Varianza: Es una medida de la dispersión de los datos alrededor de la media.
- Desviación estándar: Es la raíz cuadrada de la varianza y se expresa en las mismas unidades que los datos originales.

Precisión y exactitud:

La precisión y la exactitud son dos conceptos estrechamente relacionados con la medición, pero con distinciones importantes:

- Precisión: Se refiere a la dispersión de los valores obtenidos en mediciones repetidas de la misma magnitud. Cuanto menor es la dispersión, mayor es la precisión. La precisión se asocia con la reproducibilidad de las medidas, es decir, la capacidad de obtener resultados similares en diferentes mediciones realizadas bajo las mismas condiciones.
- Exactitud: Se refiere a la cercanía del valor medido al valor real. Cuanto menor es la diferencia entre el valor medido y el valor real, mayor es la exactitud. La exactitud se asocia con la validez de las medidas, es decir, la capacidad de reflejar fielmente la realidad que se está midiendo.

Relación entre precisión y exactitud:

Es importante destacar que la precisión y la exactitud no son necesariamente excluyentes. Es posible que una medida sea precisa pero no exacta, o viceversa. Sin embargo, en general, se busca obtener medidas que sean tanto precisas como exactas.

Ejemplos de precisión y exactitud en la vida real:

Precisión:

- **Lanzamiento de dardos:** Un lanzador de dardos profesional puede agrupar sus lanzamientos en un área pequeña del tablero, lo que demuestra una alta precisión. Sin embargo, es posible que sus dardos no siempre den en el centro del objetivo, lo que significa que su exactitud no es perfecta.

- **Medición de la temperatura:** Un termómetro digital de alta precisión puede mostrar la temperatura con una diferencia de solo unas pocas centésimas de grado. Sin embargo, si el termómetro no está calibrado correctamente, su exactitud puede verse afectada.

- **Corte de metal con una sierra:** Un operario experimentado puede cortar piezas de metal con gran precisión, siguiendo una línea recta y con un margen de error mínimo. Sin embargo, si la sierra no está bien ajustada o la pieza de metal no está sujeta correctamente, la exactitud del corte puede verse afectada.

Exactitud:

- **Báscula de cocina:** Una báscula de cocina de alta exactitud puede mostrar el peso de un ingrediente con una diferencia de solo unos pocos gramos. Sin embargo, si la báscula no está nivelada o si el ingrediente no está colocado correctamente en la plataforma, su precisión puede verse afectada.

- **Análisis de sangre:** Un laboratorio clínico puede realizar análisis de sangre con alta exactitud, proporcionando resultados confiables sobre la concentración de diferentes sustancias en la sangre. Sin embargo, si la muestra de sangre no se recoge o se procesa correctamente, la exactitud de los resultados puede verse afectada.

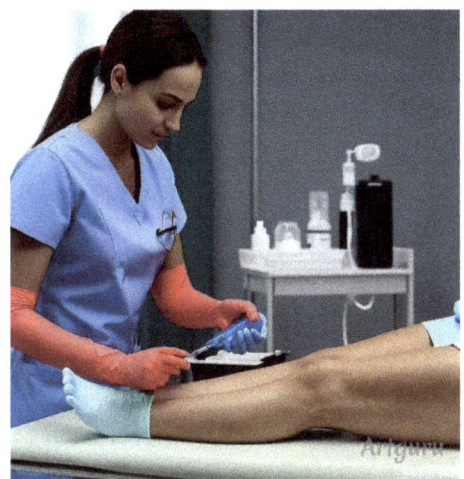

- **GPS:** Un sistema GPS moderno puede proporcionar la ubicación de un dispositivo con alta exactitud, con un margen de error de solo unos metros. Sin embargo, la señal del GPS puede verse afectada por factores como la presencia de edificios altos o las condiciones climáticas, lo que puede reducir la precisión de la ubicación.

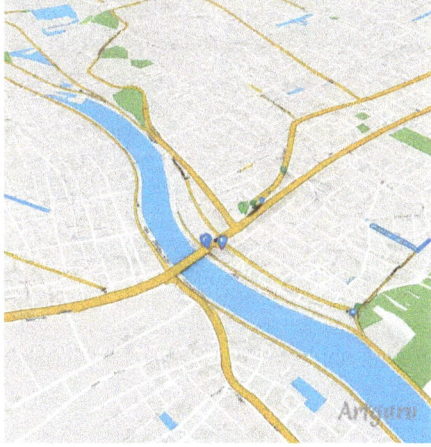

Ejemplos de situaciones donde la precisión y la exactitud son importantes:

- **En la fabricación:** Es importante que las piezas se fabriquen con precisión para garantizar que encajen correctamente y que el producto final funcione como se espera. La exactitud también es importante para asegurarse de que las piezas cumplan con las especificaciones de diseño.
- **En la medicina:** La precisión y la exactitud son fundamentales en el diagnóstico y tratamiento de enfermedades. Por ejemplo, las pruebas de

diagnóstico deben ser precisas para identificar correctamente la enfermedad, y los medicamentos deben dosificarse con exactitud para garantizar la eficacia y seguridad del tratamiento.

- **En la investigación científica:** Los científicos necesitan recopilar datos precisos y exactos para poder sacar conclusiones válidas sobre sus investigaciones. La precisión y la exactitud también son importantes para garantizar que los resultados de una investigación puedan replicarse por otros científicos.

Técnicas para garantizar la precisión y exactitud:

Existen diversas técnicas para garantizar la precisión y exactitud de las medidas en ciencia y técnica:

- **Calibración:** Es el proceso de comparar un instrumento de medición con un patrón de referencia de mayor precisión para verificar su exactitud.
- **Verificación:** Es el proceso de comprobar que un instrumento de medición cumple con los requisitos especificados para su uso previsto.
- **Control de calidad:** Es un conjunto de actividades destinadas a asegurar que los productos o servicios cumplen con los estándares de calidad establecidos.
- **Empleo de técnicas estadísticas:** Las técnicas estadísticas permiten analizar la dispersión de los datos y estimar la precisión de las medidas. Además, se pueden utilizar para detectar y corregir sesgos en las estimaciones, mejorando la exactitud de los resultados.

Inexactitud, imprecisión, referencia y calibración. Un ejemplo

En la exposición "Rincon de los datos" se puede observar una pequeña escuadra de carpintero del siglo XIX (Galicia) que representa lo que se conoce como escuadra de ingeniero. Se trata de una escuadra de comprobación, una herramienta esencial en el trabajo de carpintería, utilizada para marcar y medir piezas de material. Consta de una amplia paleta de madera remachada a un mango también de madera. El interior del mango se encuentra fijado con un listón de madera, asegurando que la paleta permanezca inmóvil a 90 grados. Históricamente, los carpinteros solían fabricar sus propias escuadras de prueba con madera. La parte superior de la culata a veces se encuentra en un ángulo de 45 grados.

2. Factores que afectan la precisión de una escuadra

La precisión de una escuadra puede verse afectada con el tiempo debido al uso regular o a su deterioro. Las causas más comunes son el desgaste de los bordes, caídas o golpes que puedan deformar la escuadra. Los materiales, especialmente la madera, también pueden verse afectados por los cambios de temperatura y humedad, lo que puede generar imprecisiones en las mediciones.

3. Verificación de la precisión y calibración

Para verificar la precisión de una escuadra, se pueden utilizar referencias conocidas, como una escuadra o pieza de maquinaria de precisión comprobada o una escuadra cilíndrica. También se puede emplear una luz brillante o calibradores de grosor para detectar espacios entre la escuadra y el objeto de referencia.

En el ámbito científico y técnico, la verificación de la precisión de las medidas es fundamental. Esto se logra mediante la calibración de los instrumentos utilizados. Por ejemplo, un microscopio o una balanza deben ser calibrados periódicamente para garantizar la exactitud y precisión de sus mediciones.

La calibración implica verificar el estado de los instrumentos de medida mediante técnicas estadísticas y siguiendo la metodología o el procedimiento establecido por los laboratorios de calibración. En este proceso, se evalúa y, de ser necesario, se ajusta la precisión de los instrumentos en base a técnicas estadísticas.

4. La escuadra en la simbología masónica

Como dato curioso, cabe mencionar que la escuadra está presente en el símbolo más común de la masonería: la escuadra y el compás. La escuadra representa la rectitud, la justicia y la exactitud, valores fundamentales en la masonería.

Importancia de la trazabilidad:

La trazabilidad es un concepto fundamental en la metrología, que se refiere a la capacidad de relacionar una medida con un patrón de referencia internacionalmente reconocido. La trazabilidad garantiza la comparabilidad de las medidas realizadas en diferentes lugares y con diferentes.

1.1.5.Pruebas de hipótesis

Las pruebas de hipótesis son herramientas valiosas que permiten a los investigadores tomar decisiones basadas en evidencia. Al formular hipótesis, recopilar datos, analizarlos y calcular el valor p, los investigadores pueden determinar si existe evidencia suficiente para apoyar una hipótesis sobre otra.

Es importante destacar que:

- Las pruebas de hipótesis no pueden determinar con certeza si una hipótesis es verdadera o falsa, solo pueden proporcionar evidencia a favor o en contra de una hipótesis.
- La elección del nivel de significación (α) es una decisión importante que debe tomarse antes de realizar la prueba de hipótesis. Un nivel de significación bajo significa que se requiere más evidencia para rechazar la hipótesis nula, mientras que un nivel de significancia alto significa que se requiere menos evidencia.
- Es importante interpretar los resultados de una prueba de hipótesis en el contexto del estudio y considerar otros factores que puedan haber influido en los resultados. Veamos unos ejemplos.

Imaginemos un detective que investiga un crimen:

Nuestro detective sospecha que un determinado sospechoso es el culpable del crimen. Para confirmarlo, decide realizar una prueba de hipótesis.

30

1. Formulación de las hipótesis:

- Hipótesis nula (H0): El sospechoso no es culpable.
- Hipótesis alternativa (H1): El sospechoso es culpable.

2. Recopilación de pruebas:

- El detective reúne pruebas, como huellas dactilares, testimonios y análisis de ADN.

3. Análisis de las pruebas:

- El detective analiza las pruebas y compara los resultados con lo que esperaría si cada hipótesis fuera cierta.

4. Cálculo del valor p:

- El detective utiliza una herramienta estadística para calcular el valor p, que representa la probabilidad (rango de 0 a 1) de obtener los resultados observados si la hipótesis nula fuera cierta.

5. Toma de decisiones:

- Si el valor p es menor que el nivel de significación(α): Se rechaza la hipótesis nula y se acepta la hipótesis alternativa. En nuestro caso, esto significaría que hay suficiente evidencia para concluir que el sospechoso es culpable.

Si el valor p es mayor que el nivel de significancia (α): No se rechaza la hipótesis nula. En este caso, no habría evidencia suficiente para concluir que el sospechoso es culpable y se necesitaría seguir investigando.

En el caso del paleontólogo y los gasterópodos fósiles:

El paleontólogo está interesado en saber si la proporción de una especie de gasterópodo fósil es diferente en dos localidades. Para ello, realiza una prueba de hipótesis siguiendo los mismos pasos que el detective.

1. Hipótesis nula (H0): La proporción de gasterópodos fósiles es la misma en ambas localidades.

Hipótesis alternativa (H1): La proporción de gasterópodos fósiles es diferente en ambas localidades.

2. Recopilación de datos:

El paleontólogo toma muestras de gasterópodos en ambas localidades y registra la proporción de la especie de interés.

3. Análisis de los datos:

El paleontólogo analiza los datos y compara las proporciones observadas con lo que esperaría si la hipótesis nula fuera cierta.

4. Cálculo del valor p:

El paleontólogo utiliza una herramienta estadística para calcular el valor p.

5. Toma de decisiones:

Si el valor p es menor que el nivel de significancia (α): Se rechaza la hipótesis nula y se acepta la hipótesis alternativa. Esto significaría que hay suficiente evidencia para concluir que la proporción de gasterópodos fósiles es diferente en las dos localidades.

Si el valor p es mayor que el nivel de significancia (α): No se rechaza la hipótesis nula. En este caso, no habría evidencia suficiente para concluir que la proporción de gasterópodos fósiles es diferente en las dos localidades.

1.1.6.Software y lenguajes de programación.

En el ámbito de la Estadística y la Ciencia de Datos, el manejo de grandes volúmenes de datos y la realización de complejos análisis estadísticos son tareas cotidianas. Para afrontar estos desafíos, la utilización de ordenadores y software especializado se ha convertido en una herramienta fundamental. Dentro del amplio abanico de opciones disponibles, dos lenguajes de programación han ganado especial relevancia en los últimos años: R y Python.

R y Python son dos lenguajes de programación que se han convertido en herramientas esenciales para el análisis de datos y la Ciencia de Datos. Su potencia, flexibilidad, comunidades activas y acceso gratuito los convierten en opciones ideales para estudiantes, investigadores y profesionales que buscan dominar el manejo de la información en un mundo cada vez más data-driven.

¿Por qué R y Python son tan populares en Estadística y Ciencia de Datos?

1. Potentes capacidades de análisis de datos:

- Tanto R como Python ofrecen una amplia gama de librerías y herramientas especializadas en el manejo y análisis de datos. Estas librerías permiten realizar tareas como:

- Limpieza y preprocesamiento de datos: Eliminar valores perdidos, corregir errores, normalizar variables, etc.
- Exploración de datos: Visualizar distribuciones de frecuencias, identificar patrones, detectar outliers, etc.
- Análisis estadístico: Realizar tests de hipótesis, calcular medidas de tendencia central y dispersión, ajustar modelos estadísticos, etc.
- Aprendizaje automático: Desarrollar modelos predictivos, realizar clasificación de datos, aplicar técnicas de clustering, etc.
- Visualización de datos: Crear gráficos y diagramas de alta calidad para comunicar los resultados de forma efectiva.

2. Flexibilidad y versatilidad:

- R y Python son lenguajes de programación de propósito general, lo que significa que pueden utilizarse para una amplia variedad de tareas más allá del análisis de datos. Esto los convierte en herramientas muy versátiles que pueden adaptarse a las necesidades específicas de cada proyecto.

3. Comunidades activas y colaborativas:

- En torno a R y Python existen grandes comunidades de usuarios y desarrolladores que comparten código, documentan soluciones y ofrecen apoyo a través de foros y plataformas online. Esta colaboración constante contribuye a la creación de nuevas librerías, herramientas y recursos que enriquecen el ecosistema de ambos lenguajes.

4. Acceso gratuito y código abierto:

- Tanto R como Python son software libre y de código abierto, lo que significa que son gratuitos para su descarga, uso y modificación. Esto los convierte en opciones accesibles para estudiantes, investigadores y profesionales de todo el mundo.

Aprendiendo R y Python: una inversión en tu futuro profesional

- En un mundo cada vez más dependiente de los datos, la capacidad de manejarlos y analizarlos de forma efectiva se ha convertido en una habilidad altamente valorada en diversos sectores profesionales. Dominar lenguajes de programación como R y Python te permitirá:
  - Obtener y procesar grandes conjuntos de datos de diversas fuentes.
  - Realizar análisis estadísticos complejos para extraer información valiosa de los datos.
  - Desarrollar modelos predictivos y de aprendizaje automático para resolver problemas reales.
  - Comunicar los resultados de tus análisis de forma clara y visualmente atractiva.
  - Si estás interesado en adentrarte en el apasionante mundo de la Estadística y la Ciencia de Datos, aprender R y Python es un paso fundamental en tu camino hacia el éxito profesional. Existen numerosos recursos disponibles online y en bibliotecas que te guiarán en el proceso de aprendizaje, desde cursos introductorios hasta tutoriales especializados en áreas específicas.

Más conceptos estadísticos y teoría pueden encontrarse en "Probabilidad y Estadística para Ciencias" Monleón y Casado (2015, 2017).

1.2.¿PORQUE ES IMPORTANTE LA ESTADÍSTICA?

Hemos visto anteriormente diferentes veces que aparece la estadística y sus métodos, pero vamos a profundizar en ello desde un punto de vista concreto. La estadística es una disciplina fundamental y ampliamente utilizada en diversos campos debido a su importancia en varios aspectos. A continuación, se presentan algunas razones por las que la estadística es importante:

1. **Toma de decisiones basadas en evidencia:** La estadística proporciona herramientas y métodos para analizar datos y extraer conclusiones objetivas. Ayuda a tomar decisiones informadas basadas en la evidencia en lugar de depender únicamente de intuiciones o suposiciones.

2. **Inferencia y generalización:** La estadística permite inferir y generalizar conclusiones a partir de una muestra representativa de datos a toda una población o fenómeno. Esto es esencial cuando no es posible recopilar y analizar todos los datos disponibles.

3. **Control y gestión de calidad:** La estadística desempeña un papel crucial en el control de calidad y la mejora de procesos en diversos campos, como la industria, la producción y los servicios. Permite identificar problemas, medir el rendimiento, realizar comparaciones y tomar acciones correctivas.

4. **Predicción y pronóstico:** La estadística proporciona métodos para realizar predicciones y pronósticos basados en datos históricos y patrones observados. Esto es valioso en la planificación, la toma de decisiones a largo plazo y la estimación de resultados futuros.

5. **Investigación científica:** La estadística es una herramienta esencial en la investigación científica. Permite diseñar experimentos y estudios, analizar los datos recolectados y determinar la significancia estadística de los resultados. Ayuda a garantizar la validez y la confiabilidad de los hallazgos científicos.

6. **Análisis de riesgos y toma de decisiones estratégicas**: La estadística ayuda a evaluar y cuantificar riesgos en diferentes contextos, como la inversión financiera, la planificación empresarial, la gestión de proyectos y la toma de decisiones estratégicas. Proporciona herramientas para medir la incertidumbre y tomar decisiones informadas bajo diferentes escenarios.

7. **Políticas públicas y estudios sociales:** La estadística es esencial para la recopilación y el análisis de datos en estudios sociales y políticas públicas. Ayuda a comprender y abordar problemas sociales, evaluar programas y políticas, y brindar información para la toma de decisiones a nivel gubernamental.

En resumen, la estadística es importante porque proporciona métodos y herramientas para analizar datos, tomar decisiones basadas en evidencia, realizar predicciones, gestionar riesgos y mejorar procesos en diversos campos. Ayuda a comprender y utilizar eficazmente la información disponible para obtener conocimientos valiosos y tomar decisiones informadas y respaldadas por datos.

1.3. CURIOSIDADES SOBRE LA ESTADÍSTICA

Dicen que un estadístico mete los pies en un horno y la cabeza en hielo. Alguien le pregunta: "¿Qué estás haciendo?". El estadístico responde: "De media, ¡me siento genial!".

El chiste juega con la idea de la media como medida estadística. La media es el promedio de un conjunto de valores. En este caso, la media de la temperatura corporal del estadístico es normal, ya que la alta temperatura de su cabeza compensa la baja temperatura de sus pies. Sin embargo, es importante recordar que la media no siempre refleja la realidad completa. En este caso, el estadístico está sufriendo mucho dolor, a pesar de que la media de su temperatura corporal sea normal.

Veamos algunas curiosidades sobre la estadística:

1. La palabra "estadística" proviene del término italiano "statista" que se refería a una persona con conocimientos sobre asuntos de Estado. Inicialmente, la estadística se utilizaba para recopilar y analizar datos relacionados con el Estado, como población, economía y recursos.
2. El famoso estadístico británico Karl Pearson tenía una pasión por los perros y creía que las características físicas de los perros, como el tamaño y la forma de la cabeza, podían analizarse estadísticamente para comprender la herencia y la evolución.

3. El término "regresión" utilizado en estadística fue acuñado por Francis Galton, quien estaba estudiando la altura de los padres e hijos y notó que los hijos de padres muy altos tendían a ser un poco menos altos. En su estudio, la altura "regresaba" hacia un promedio.
4. Existe una paradoja conocida como la Paradoja de Simpson, que ocurre cuando una tendencia aparece en diferentes grupos de datos, pero desaparece o incluso se invierte cuando se combinan los grupos. Esto resalta la importancia de analizar los datos en detalle antes de sacar conclusiones generales.
5. Durante la Segunda Guerra Mundial, los estadísticos desempeñaron un papel crucial en la planificación de operaciones militares y en la interpretación de datos obtenidos de radares y sistemas de encriptación. Su trabajo contribuyó en gran medida al éxito de las operaciones aliadas.
6. El estadístico británico William Sealy Gosset, conocido como "Student", desarrolló la prueba t de Student mientras trabajaba para la cervecería Guinness. Debido a las restricciones de confidencialidad, Guinness no le

permitió publicar su trabajo bajo su nombre, por lo que utilizó el seudónimo "Student".

7. En la década de 1970, el estadístico John Tukey acuñó el término "software" para referirse a los programas informáticos utilizados en estadística. Antes de eso, el término utilizado era "hardware".

8. En la Facultad de Biología de la Universitat de Barcelona se encuentra un pequeño museo sobre los datos y objetos relacionados con ellos, como calculadoras, tarjetas perforadas, dados trucados, una regla de carpintero del siglo XIX, etc

Vitrina del "Rincón de los Datos" en el Edificio Margalef de la Facultat de Biología de la Universidad de Barcelona.

1.4. Definición de Estadística y sus partes

La estadística es una disciplina que se ocupa de recopilar, organizar, analizar e interpretar datos numéricos con el fin de obtener información relevante y tomar decisiones informadas. Utiliza métodos matemáticos y técnicas específicas para describir y resumir los datos, identificar patrones y tendencias, evaluar la incertidumbre y realizar inferencias sobre una población más amplia a partir de una muestra representativa.

La estadística se aplica en una amplia variedad de campos, como la investigación científica, la economía, la medicina, la sociología, la ingeniería y muchos otros. Su objetivo principal es obtener conocimiento objetivo y confiable a partir de los datos, ayudando a comprender fenómenos complejos, tomar decisiones fundamentadas y realizar predicciones.

En el proceso estadístico, se siguen diferentes etapas, como la recopilación de datos, el diseño de experimentos o la selección de muestras, la organización y presentación de los datos de manera adecuada, la aplicación de métodos estadísticos apropiados para analizar los datos, y la interpretación de los resultados obtenidos.

Algunos conceptos clave en estadística incluyen la población (conjunto completo de elementos de interés), la muestra (subconjunto representativo de la población), las variables (características que se miden o registran en cada elemento), los parámetros (medidas numéricas que describen la población) y los estadísticos (medidas numéricas que describen la muestra). También se utilizan herramientas como gráficos, tablas, medidas de tendencia central (como la media y la mediana) y medidas de dispersión (como la desviación estándar y el rango) para resumir y describir los datos.

La estadística se divide en dos ramas principales: la estadística descriptiva, que se enfoca en la descripción y resumen de los datos, y la estadística inferencial, que se ocupa de hacer inferencias o generalizaciones sobre una población a partir de la información proporcionada por una muestra. Ambas ramas son fundamentales en la comprensión y aplicación de la estadística en diversas áreas del conocimiento.

La Estadística se divide en dos partes principalmente:

1. La estadística descriptiva, que estudia los métodos de recogida, vista, visualización y síntesis de los datos del estudio. Los datos pueden ser resumidos numérica o gráficamente. Algunos ejemplos de parámetros estadísticos serían la media y la desviación estándar, ejemplos gráficos son el histograma, diagramas de líneas, pirámide de población, "clusters", etc.
2. La inferencia estadística estudia la generación de modelos, inferencias y predicciones asociadas a los diferentes fenómenos estudiados. Se utiliza para realizar modelos o patrones en los datos y extraer inferencias sobre la población en estudio. Estas inferencias pueden ser respuestas a preguntas del tipo si / no (pruebas o test de hipótesis), estimaciones de características numéricas (estimación), pronósticos de futuras observaciones, descripciones de asociación numérica (correlación) o relaciones entre variables (análisis de regresión, análisis de la varianza (ANOVA) que es el núcleo central del diseño de experimentos, series temporales, etc.).

La estadística inferencial (Ver Monleón & Rodríguez, 2017) trata de establecer conclusiones relacionadas con la población a través de extrapolar los resultados obtenidos de la muestra a la población de procedencia. Las características que definen a la población se denominan parámetros poblacionales y las que definen a la muestra, estadísticos muestrales o estimadores (Ejemplo: la medida de la probabilidad (P) de incidencia de una enfermedad y su estimador la frecuencia relativa (f_r) de la enfermedad).

La rama descriptiva e inferencial componen la estadística aplicada. Hay también una disciplina llamada estadística matemática, la cual representa sus bases teóricas.

Tabla 1: *División general de las diversas áreas de la Estadística*

• Descriptive statistics
• Statistical visualization
• Probability distributions
• Hypothesis tests
• Linear models
• Non linear models
• Multivariate statistics
• Statistical process control
• Design of experiments

En la tabla 1, se presentas las principales ramas en que se divide actualmente la estadística.

1.5.¿CUÁLES SON LOS OBJETIVOS DE LA ESTADÍSTICA Y DEL ANÁLISIS DE DATOS?

La estadística es la base del análisis de datos. Ambos comparten muchos métodos y herramientas.El análisis de datos depende de la estadística para el análisis y la interpretación de datos.

La estadística se ha adaptado a la era de los datos grandes incorporando técnicas de análisis de datos.

La Estadística es una ciencia que se encarga de la recolección, organización, análisis e interpretación de datos con el objetivo de extraer información, comprender fenómenos y tomar decisiones acertadas. Se basa en métodos matemáticos y probabilísticos para estudiar conjuntos de datos y obtener conclusiones.

El Análisis de Datos, por otro lado, es un campo más amplio que aplica técnicas de la estadística, la informática y otras disciplinas para extraer conocimiento útil de grandes conjuntos de datos. Se enfoca en la exploración de datos, el descubrimiento de patrones y la construcción de modelos para resolver problemas específicos.

Los objetivos principales de la estadística y el análisis de datos son:

1. **Descripción de datos:** La estadística busca describir y resumir los datos de manera concisa y significativa. Esto implica calcular medidas de tendencia central (como la media, mediana y moda) y medidas de dispersión (como la desviación estándar y el rango) para comprender la distribución de los datos y sus características principales.
2. **Inferencia y generalización:** La estadística permite inferir conclusiones o generalizar resultados a partir de una muestra de datos representativa de una población más grande. A través de técnicas de muestreo y estimación, se

pueden obtener conclusiones válidas sobre la población en su conjunto a partir de la información proporcionada por la muestra.

3. **Toma de decisiones basada en evidencia:** La estadística proporciona herramientas y técnicas para tomar decisiones informadas y fundamentadas en datos. Permite evaluar la incertidumbre asociada a los datos y las conclusiones extraídas, lo que ayuda a reducir el riesgo y mejorar la toma de decisiones en diversos campos, desde la medicina y la economía hasta la gestión empresarial.

4. **Modelización y predicción:** La estadística permite construir modelos matemáticos y estadísticos para describir y predecir el comportamiento de los datos. A través de técnicas como la regresión, el análisis de series temporales y el aprendizaje automático, es posible desarrollar modelos que ayuden a comprender las relaciones entre variables y a realizar pronósticos futuros.

5. **Evaluación de la incertidumbre:** La estadística proporciona métodos para cuantificar y evaluar la incertidumbre presente en los datos y los resultados obtenidos. Esto permite tener una medida de confianza o intervalos de confianza alrededor de las estimaciones y conclusiones, lo que es esencial para la toma de decisiones y la comunicación efectiva de los resultados.

En resumen, la estadística y el análisis de datos tienen como objetivo principal describir, analizar e interpretar los datos de manera objetiva, facilitando la toma de decisiones basada en evidencia y la comprensión del mundo a través de la información numérica.

2. PERSPECTIVA HISTÓRICA: UNA BREVE HISTÓRICA DE LA ESTADÍSTICA Y DEL ANÁLISIS DE DATOS. HECHOS Y PERSONAJES.

La historia de la estadística y del análisis de datos se remonta a miles de años atrás, con los primeros intentos de recopilar información para tomar decisiones basadas en evidencia. A lo largo de los siglos, la estadística ha evolucionado desde métodos rudimentarios hasta técnicas avanzadas basadas en la inteligencia artificial y el big data.

2.1. PRINCIPALES PERSONAJES HISTÓRICOS DE LA ESTADÍSTICA

Existen varios personajes históricos que han desempeñado un papel fundamental en el desarrollo y la evolución de la estadística. A continuación, mencionaré algunos de los principales personajes históricos de la estadística:

1. **Ronald A. Fisher (1890-1962):** Considerado uno de los fundadores de la estadística moderna, Fisher hizo importantes contribuciones en áreas como el diseño de experimentos, la inferencia estadística y la genética estadística. Sus trabajos, como "The Design of Experiments" y "Statistical Methods for Research Workers", sentaron las bases de muchos métodos estadísticos utilizados en la actualidad.

2. **Karl Pearson (1857-1936):** Conocido como el "padre de la estadística moderna", Pearson fue un pionero en el desarrollo de métodos estadísticos y contribuyó de manera significativa al establecimiento de la estadística como una disciplina científica. También fue el creador del coeficiente de correlación de Pearson y del concepto de distribución chi-cuadrado.
3. **Sir Francis Galton (1822-1911):** Galton fue un estadístico, explorador y científico polifacético. Realizó contribuciones importantes en el campo de la estadística, como el desarrollo de métodos para el análisis de datos bivariados y la introducción del concepto de regresión. También fue pionero en la aplicación de la estadística a la genética y en el desarrollo de la eugenesia.
4. **Jerzy Neyman (1894-1981):** Neyman fue un estadístico polaco-estadounidense que realizó importantes avances en la teoría de la inferencia estadística. Es conocido por sus trabajos sobre la prueba de hipótesis y la teoría del muestreo. Junto con Egon Pearson, desarrolló el enfoque frecuentista de la estadística y formuló los fundamentos de las pruebas de hipótesis.
5. **Florence Nightingale (1820-1910):** Aunque no era una estadística en el sentido académico, Nightingale fue una pionera en el uso de gráficos y visualizaciones para comunicar información estadística. Utilizó gráficos circulares y diagramas de área para presentar datos sobre la mortalidad y las condiciones sanitarias en los hospitales, lo que contribuyó a generar conciencia sobre la importancia de la higiene y la atención sanitaria adecuada.

Estos son solo algunos de los personajes históricos destacados en la historia de la estadística. Sus contribuciones sentaron las bases de esta disciplina y han influido en el desarrollo de métodos y técnicas estadísticas utilizados en la actualidad.

2.2. LA ESTADÍSTICA EN LA ANTIGÜEDAD

En la antigüedad, civilizaciones como la de los egipcios, babilonios y romanos utilizaban métodos primitivos para recopilar datos demográficos y económicos.

La estadística, como disciplina formal, no existía en la antigüedad de la misma forma en que la conocemos hoy en día. Sin embargo, se pueden encontrar algunos precedentes y métodos relacionados con la recolección y análisis de datos en civilizaciones antiguas.

En la antigua Mesopotamia, que abarca territorios que corresponden a la actual región de Irak, se han encontrado tablillas cuneiformes que contienen registros de transacciones comerciales, censos de población y datos demográficos. Estos registros proporcionan información sobre la vida económica y social de la época, lo cual puede considerarse como una forma primitiva de recolección de datos.

En el antiguo Egipto, también se llevaban registros detallados de censos de población, registros de cultivos y ganado, así como datos sobre impuestos y distribución de recursos. Estos registros eran utilizados por los gobernantes para la toma de decisiones y la planificación.

En la antigua Grecia, filósofos como Pitágoras y Arquímedes desarrollaron métodos relacionados con la recolección y el análisis de datos. Pitágoras, por ejemplo, introdujo el concepto de media aritmética y planteó la importancia de la recopilación sistemática de información. Arquímedes, por su parte, utilizó métodos de aproximación numérica para calcular el valor de π (pi) y desarrolló el principio de la palanca, que involucra el análisis cuantitativo.

En la antigua China, también se realizaron censos y se llevaron registros detallados de población, producción agrícola y actividades económicas. Los datos recopilados eran utilizados para la planificación de políticas y la toma de decisiones.

Es importante tener en cuenta que, en la antigüedad, los enfoques de recolección y análisis de datos no eran tan sistemáticos ni rigurosos como los que se utilizan en la estadística moderna. Sin embargo, estos antecedentes demuestran la existencia de un interés temprano por la recopilación y el uso de datos para comprender y gestionar aspectos de la sociedad y la economía. La estadística como disciplina formal se desarrolló y consolidó más tarde, en los siglos XVII y XVIII, con el trabajo de estadísticos como John Graunt, William Petty y Pierre-Simon Laplace, sentando las bases para el desarrollo de métodos estadísticos más rigurosos y sistemáticos.

2.3. La Estadística en la Edad Media

Durante la Edad Media, el desarrollo de la estadística como disciplina formal fue limitado, y no hubo avances significativos en términos de métodos estadísticos o teoría. Sin embargo, se pueden identificar algunas aplicaciones y usos de la estadística en ese periodo.

Uno de los principales usos de la estadística en la Edad Media fue en el contexto de los censos de población. Los gobiernos y las autoridades eclesiásticas llevaban a cabo recuentos de población para diversos propósitos, como la administración de impuestos, el reclutamiento militar y la planificación de políticas. Estos censos permitían obtener estimaciones de la población y su distribución geográfica, aunque los métodos utilizados no eran tan rigurosos como en la actualidad.

Además de los censos, se realizaron registros de nacimientos, matrimonios y defunciones en las iglesias, que también proporcionaban información demográfica importante. Estos registros eclesiásticos se utilizaban para monitorear el crecimiento y la composición de la población, así como para determinar aspectos relacionados con la herencia y la sucesión.

Otro contexto en el que se utilizaba la estadística en la Edad Media estaba relacionado con la economía y los registros comerciales. Se llevaban registros detallados de transacciones comerciales, precios de productos y actividad económica en los mercados. Estos registros permitían tener una idea de la actividad económica de la época y el comportamiento de los precios.

Es importante destacar que en la Edad Media, la estadística se basaba principalmente en la recopilación de datos y su registro, pero no se desarrollaron métodos formales de análisis o inferencia estadística. Fue en los siglos posteriores, con el surgimiento de la Revolución Científica y el desarrollo de la estadística como disciplina moderna, que se establecieron los fundamentos teóricos y se desarrollaron métodos más avanzados de análisis de datos.

En resumen, la estadística en la Edad Media se centraba principalmente en la recolección y el registro de datos demográficos y económicos, pero no hubo un desarrollo significativo en términos de métodos estadísticos o teoría. Fue en periodos posteriores cuando se produjeron avances más significativos en la disciplina.

2.4.La Estadística en la Edad Moderna

Sin embargo, la recopilación sistemática de datos y su análisis estadístico comenzó a tomar forma en el siglo XVII.

En el siglo XVII, el matemático inglés John Graunt realizó estudios demográficos y desarrolló la idea de las tablas de mortalidad, sentando las bases para el análisis de datos estadísticos. Su trabajo fue continuado por otros estadísticos notables como William Petty y John Arbuthnot.

El siglo XVIII fue testigo de un desarrollo significativo en el campo de la estadística. El matemático y astrónomo alemán Carl Friedrich Gauss introdujo el concepto de la distribución normal y desarrolló métodos para el ajuste de curvas y el cálculo de errores. Su trabajo en estadística sentó las bases para el desarrollo posterior de técnicas de inferencia y estimación.

Desde un punto de vista histórico la medida de la relación entre variables cabe destacar un gran avance en su estudio a partir de los estudios de Legendre (1752-1833), que introdujo en el siglo XVIII el método de los mínimos cuadrados utilizándolos para definir la longitud de 1 metro como una 10 millonésima parte del arco meridional. Es a comienzos del XIX cuando se ponen las bases teóricas de la teoría de probabilidades con los trabajos de Lagrange (1736-1813), Laplace (1749-1827), Gauss (1777-1855) y Poisson (1781-1840), pero el nacimiento de la estadística moderna y su uso en el análisis de experimentos se debe a los trabajos de Francis Galton (1822-1911) y Karl Pearson (1857-1936). Con posterioridad a Galton, las propiedades de las técnicas de regresión fueron estudiadas por Edgeworth (1845-1926), Pearson (1857-1936) y Yule (1871-1951).

2.4.1. Carl Friedrich Gauss: El "Príncipe de las Matemáticas" y sus Contribuciones a la Estadística

Carl Friedrich Gauss (1777-1855) fue un matemático y físico alemán considerado uno de los más grandes matemáticos de todos los tiempos. Sus contribuciones a las matemáticas y la ciencia fueron numerosas y significativas, abarcando campos como la teoría de números, el análisis matemático, la astronomía, la física y la estadística.

En el ámbito de la estadística, Gauss realizó importantes avances que sentaron las bases para el desarrollo de la estadística moderna. Entre sus principales contribuciones se encuentran:

El método de los mínimos cuadrados: Esta técnica, desarrollada por Gauss en 1809, permite encontrar la mejor estimación de un conjunto de parámetros a partir de un conjunto de datos observados. Es fundamental en diversos campos, como la regresión lineal, el ajuste de curvas y la estimación de parámetros.

La distribución normal: Gauss estudió en profundidad la distribución normal, también conocida como curva de Gauss, y demostró que esta distribución describe la distribución de muchos fenómenos naturales y físicos. Su trabajo sentó las bases para la teoría de la probabilidad y la estadística inferencial.

El teorema del límite central: Este teorema fundamental, enunciado por Gauss en 1835, establece que la suma de un gran número de variables aleatorias independientes tiende a seguir una distribución normal, independientemente de las distribuciones individuales de las variables. Es un resultado fundamental en la estadística inferencial y tiene aplicaciones en diversos campos, como la economía, la física y la ingeniería.

Además de estas contribuciones específicas, Gauss también tuvo un impacto significativo en el desarrollo de la estadística como disciplina. Su rigor matemático, su enfoque sistemático y su énfasis en la precisión de los datos influyeron profundamente en el trabajo de estadísticos posteriores.

Se explican muchas anécdotas sobre su vida:

1. La infancia prodigiosa:

- Se dice que Gauss, a la edad de tres años, corrigió un error que su padre había cometido en una nómina.
- A los siete años, resolvió un complejo problema matemático que había desafiado a sus compañeros de clase.
- A los 10 años, ya había dominado el cálculo integral y diferencial.

2. El genio distraído:

- Gauss era conocido por su profunda concentración en sus estudios, a tal punto que a menudo olvidaba comer o dormir.
- En una ocasión, mientras caminaba por la calle, se distrajo con un problema matemático y no se dio cuenta de que había chocado con un transeúnte. Le pidió disculpas y le preguntó si podía ayudarlo a resolver el problema.
- Se cuenta que una vez, mientras viajaba en tren, se quedó tan absorto en sus cálculos que no se dio cuenta de que había llegado a su destino. Se bajó en la siguiente estación y tuvo que caminar de regreso.

3. El maestro sarcástico:

- Gauss era conocido por su humor sarcástico y su gusto por las bromas.
- En una ocasión, uno de sus estudiantes le preguntó cómo había logrado descubrir tantas cosas importantes. Gauss le respondió: "Es muy simple, solo tienes que pensar."
- A otro estudiante que le preguntaba por qué era tan inteligente, le respondió: "No soy inteligente, simplemente tengo una gran memoria."

4. El matemático práctico:

- A pesar de su genio matemático, Gauss también era un hombre práctico.

- Se interesaba por la ingeniería y la astronomía, y diseñó varios instrumentos científicos.
- También era un buen jugador de ajedrez y un ávido lector.

5. Gauss y los peligros de la mala estadística. Otras anécdotas

- El gran matemático Johann Carl Friedrich Gauss (1777-1855), quien en sus inicios trabajó como agrimensor (oficio que implicaba la medición de campos con forma de polígonos y otras tareas relacionadas con la medición de áreas), mencionó en su obra "La medición del mundo: un fascinante encuentro entre la literatura y la ciencia" (Daniel Kehlmann, 2005) que, en más de una ocasión, fue perseguido por perros durante su labor.

- A pesar de estos peligros, Gauss llegó a convertirse en el "Príncipe de las Matemáticas", lo que demuestra que la rigurosidad y el análisis cuidadoso son claves para el éxito en este campo.
- Un hecho anecdótico que ilustra los peligros que pueden enfrentar los estadísticos ocurrió en la Sección de Estadística de la Facultad de Biología. Durante la primavera de los últimos años (especialmente durante la pandemia de COVID-19), aparecieron varios nidos de vespa alemana (*Vespula germánica*) en las instalaciones.

Uno de los objetos que se exponen es un nido de avispas que se formó en la ventana de la Secció d' Estadística durante la pandemia de COVID19.

- Uno de estos nidos se encontraba justo debajo del carril de la persiana del despacho de la Sección de Estadística, lo que impedía abrir la ventana durante el curso 2020-2021 y parte del 2021-2022 por razones de seguridad. El nido, que se puede observar en la exposición "Rincón de los datos", finalmente se vació y se pudo "desocupar".
- Un aspecto curioso de los nidos de avispas es su variabilidad natural. Pueden presentar diversas formas, como redondeadas o esféricas, alargadas como un jarrón o sin una forma definida. Además, en algunos casos, existe una única bresca, mientras que en otros, el nido está formado por varias brescas envueltas en una cubierta protectora con una o varias entradas.
- En cuanto a las dimensiones, también varían considerablemente. Algunos nidos son pequeños o medianos, pero se han registrado casos de avispas gigantes con nidos de hasta 2,5 metros y una población de alrededor de 1000 individuos.

2.5. El siglo XIX Galton: Regresión y Correlación

A mediados del siglo XIX, el estadístico británico Francis Galton emergió como una figura clave en el desarrollo de la estadística moderna y la biometría. Sus contribuciones fueron fundamentales para comprender las relaciones entre variables, predecir valores futuros y establecer las bases del análisis de la herencia.

Galton acuñó el término "regresión" y desarrolló técnicas para el análisis de la correlación y la regresión lineal. Estas técnicas permitieron a los científicos examinar las relaciones entre variables de forma más precisa y establecer modelos matemáticos para predecir valores futuros basados en datos previos.

El coeficiente de correlación, una medida de la asociación entre dos variables, fue inicialmente propuesto por Galton en 1885 y perfeccionado por Karl Pearson en 1895. Hoy en día se lo conoce como coeficiente de correlación lineal de Pearson y es una herramienta fundamental en diversos campos, desde la psicología hasta la economía.

Galton tuvo la visión de aplicar la estadística a la biología para probar las teorías de la evolución de Charles Darwin. Su trabajo en biometría, el estudio de las características biológicas de las poblaciones mediante métodos estadísticos, le permitió analizar la herencia de rasgos físicos y explorar la variabilidad dentro de las especies.

Entre sus aportes más destacados se encuentran:

- Introducción del término "regresión" en la estadística para describir la tendencia de los valores a regresar hacia la media.
- Desarrollo de técnicas para el análisis de la correlación y la regresión lineal, permitiendo examinar las relaciones entre variables.
- Propuesta inicial del coeficiente de correlación, perfeccionado posteriormente por Pearson.
- Aplicación de la estadística a la biología, sentando las bases para la biometría.
- Invención de la "máquina frijol" o "Caja de Galton", un dispositivo para demostrar la distribución normal y la ley de error.
- Descubrimiento de las propiedades de la distribución normal bivariada y su relación con el análisis de regresión.

Las contribuciones de Galton han tenido un impacto profundo en diversos campos, desde la estadística y la biología hasta la psicología y la economía. Su trabajo ha sido fundamental para comprender la variabilidad en las poblaciones, establecer relaciones entre variables y desarrollar modelos matemáticos para predecir y explicar fenómenos.

2.6.1.Galton, un personaje controvertido

Sin embargo, Galton también fue una figura controvertida debido a sus ideas eugenésicas y su apoyo a la discriminación racial. Creía que las características humanas eran heredadas y que ciertas razas eran superiores a otras. Estas ideas tuvieron un impacto negativo en la sociedad y contribuyeron al desarrollo del racismo científico.

A pesar de sus controversias, Galton dejó un legado importante en el campo de la estadística. Sus métodos y técnicas siguen siendo utilizados hoy en día por científicos e investigadores en todo el mundo.

Algunas anécdotas sobre Galton:

- Era un primo de Charles Darwin, y su trabajo fue influenciado por las teorías de la evolución.
- Inventó la "máquina frijol" o "Caja de Galton", un dispositivo para demostrar la distribución normal y la ley de error.
- Fue el primero en utilizar la palabra "estadística" en el sentido moderno.
- Financió la creación del primer laboratorio de biometría del mundo.
- Murió en 1911 a la edad de 88 años.

Sus contribuciones a la estadística son innegables, pero sus ideas eugenésicas fueron dañinas y racistas. Es importante recordar tanto sus logros como sus errores para tener una visión completa de su vida y obra.

2.6.3. William Sealy Gosset ("Student"), Karl Pearson, Francis Edgeworth, Francis Edgeworth y Udny Yule

Otros estadísticos de finales del Siglo XIX y principios del XX hicieron importantes contribuciones al desarrollo de la estadística moderna y sus métodos siguen siendo utilizados hoy en día por investigadores en diversos campos.

William Sealy Gosset ("Student")

Estadístico irlandés conocido por su trabajo sobre la distribución t de Student, una herramienta fundamental para el análisis estadístico de datos con muestras pequeñas.

Trabajó en el laboratorio de Galton tras contactar con Pearson, donde se familiarizó con el análisis de correlación.

Desarrolló la prueba t de Student en 1908 mientras trabajaba en la cervecería Guinness, donde aplicó métodos estadísticos para controlar la calidad de la cerveza.

Su trabajo tuvo un impacto significativo en la estadística inferencial y sigue siendo utilizado hoy en día por investigadores en diversos campos.

Karl Pearson (1857-1936)

Matemático y estadístico británico considerado uno de los padres fundadores de la estadística moderna.

Colaboró con Galton en el desarrollo de técnicas de correlación y regresión.

Perfeccionó el coeficiente de correlación de Galton, que hoy en día se conoce como coeficiente de correlación lineal de Pearson.

Realizó importantes contribuciones al análisis de regresión, la teoría de la probabilidad y la biometría.

Fundó la revista Biometrika en 1901, que se convirtió en una publicación líder en el campo de la estadística.

Francis Edgeworth (1845-1926)

Economista y estadístico británico conocido por sus contribuciones a la teoría de la probabilidad, la estadística y la economía.

Estudió las propiedades de la distribución normal y desarrolló métodos para ajustar modelos estadísticos a datos.

Realizó importantes contribuciones al análisis de regresión, la teoría de los errores y la teoría de los juegos.

Su trabajo tuvo un impacto significativo en el desarrollo de la econometría.

Udny Yule (1871-1951)

Estadístico británico conocido por sus contribuciones a la teoría de la probabilidad, la estadística y la biometría.

Colaboró con Pearson en el desarrollo de técnicas de análisis de correlación y regresión.

Realizó importantes contribuciones al estudio de las series temporales, la teoría de los procesos estocásticos y la bioestadística.

Su trabajo tuvo un impacto significativo en el desarrollo de la econometría y la ecología.

2.6. FLORENCE NIGTHINGALE Y SU IMPORTANCIA PARA LA ESTADÍSTICA

El 2020 se celebró el 200 aniversario del nacimiento de Florence Nigthingale (Selanders, 2020), fundadora de la enfermería moderna y pionera de la estadística, creadora del *diagrama del área polar. Fue una innovadora* en la recolección, tabulación, interpretación y presentación gráfica de las estadísticas descriptivas. Junto a Galton impulsó el proyecto de creación de una nueva cátedra de Estadística en Oxford

Florence Nightingale fue una enfermera, escritora y estadística británica nacida el 12 de mayo de 1820 en Florencia, Italia, y fallecida el 13 de agosto de 1910 en Londres, Reino Unido. Es considerada una figura influyente en el desarrollo de la enfermería moderna y realizó importantes contribuciones en el campo de la estadística aplicada a la salud pública.

Nightingale nació en una familia acomodada y recibió una educación privilegiada, a pesar de las restricciones impuestas a las mujeres en su época. A pesar de las expectativas sociales de la época, decidió dedicarse a la enfermería, una profesión poco valorada en ese momento. Durante la Guerra de Crimea (1853-1856), Nightingale lideró un equipo de enfermeras en el Hospital de Scutari, donde introdujo importantes mejoras en la higiene y la atención médica, reduciendo significativamente las tasas de mortalidad.

Además de su trabajo en enfermería, Nightingale también fue pionera en la aplicación de la estadística a la salud pública. Recolectó y analizó datos sobre enfermedades y mortalidad en los hospitales militares y los presentó de manera gráfica para comunicar de manera efectiva la información. Su trabajo más conocido en este sentido es el "Diagrama Polar de la Mortalidad en el Ejército de Crimea", que ilustra las causas de las muertes y resalta la importancia de las condiciones sanitarias adecuadas.

La importancia de Florence Nightingale para la estadística radica en su enfoque innovador en la presentación de datos y su capacidad para utilizar la información estadística para respaldar argumentos en el ámbito de la salud pública. Sus gráficos y visualizaciones ayudaron a resaltar las disparidades en la atención médica y la necesidad de mejorar las condiciones sanitarias. Además, Nightingale abogó por la recopilación sistemática de datos y la estandarización de los métodos de registro, sentando las bases para futuros avances en la recopilación y el análisis de datos en salud.

En reconocimiento a su trabajo, Florence Nightingale fue galardonada con numerosos honores y distinciones a lo largo de su vida. Su legado como enfermera y estadística ha perdurado hasta la actualidad, y es considerada una de las figuras más influyentes en la historia de la enfermería y la aplicación de la estadística en la salud pública.

2.7. DESARROLLO DE LA ESTADÍSTICA DURANTE EL SIGLO XX

Durante el siglo XX, la estadística experimentó un gran desarrollo y expansión, gracias a los avances teóricos y prácticos, así como a la creciente demanda de métodos estadísticos en diversas áreas.

A continuación, se presentan algunos hitos importantes en el desarrollo de la estadística durante ese período:

1. Estadística matemática y teoría de la probabilidad: A principios del siglo XX, se realizaron avances significativos en la teoría de la probabilidad y en la estadística matemática. Los trabajos de estadísticos como Ronald Fisher, Karl Pearson y Jerzy Neyman sentaron las bases para la inferencia estadística y los métodos de estimación, prueba de hipótesis y diseño de experimentos.

2. Análisis de regresión: Durante el siglo XX, el análisis de regresión se consolidó como una herramienta fundamental en la estadística. Los trabajos de Francis Galton y su desarrollo del concepto de regresión, así como los de Fisher y otros estadísticos, sentaron las bases para los modelos de regresión y su aplicación en diversas disciplinas.

3. Estadística aplicada: A medida que la estadística ganaba reconocimiento como una disciplina científica, su aplicación se expandió a áreas como la medicina, la agricultura, la industria y las ciencias sociales. El desarrollo de técnicas estadísticas específicas para estas áreas, como el análisis de supervivencia en medicina y el análisis de datos longitudinales en ciencias sociales, fue un avance significativo en el siglo XX.

4. Computación y estadística computacional: El avance de la informática y la disponibilidad de computadoras potentes permitieron el desarrollo de métodos estadísticos computacionalmente intensivos. Aparecieron técnicas como el muestreo por cadena de Markov (MCMC), el bootstrap y el uso de simulaciones estadísticas, que ampliaron las posibilidades de análisis estadístico.

5. Estadística multivariada y análisis de datos de alta dimensión: Con el aumento de la disponibilidad de datos complejos y de alta dimensionalidad, la estadística multivariada y el análisis de datos se volvieron cada vez más importantes. Métodos como el análisis de componentes principales, el análisis de conglomerados y las técnicas de reducción de dimensionalidad se convirtieron en herramientas fundamentales para explorar y analizar grandes conjuntos de datos.

6. Estadística bayesiana: A lo largo del siglo XX, la estadística bayesiana ganó reconocimiento y popularidad. La idea de actualizar creencias utilizando la teoría de la probabilidad bayesiana se hizo más aceptada y se desarrollaron técnicas para la inferencia bayesiana. La estadística bayesiana se convirtió en un enfoque alternativo y complementario al enfoque frecuentista tradicional.

Estos son solo algunos de los desarrollos clave en el campo de la estadística durante el siglo XX. A lo largo de ese período, la estadística se consolidó como una disciplina fundamental en la toma de decisiones basada en evidencia y continuó evolucionando para abordar los desafíos planteados por la creciente complejidad de los datos y las demandas de diversos campos de aplicación.

2.8. EXPERIMENTOS COMO CIENCIA

A medida que avanzaba el siglo XX, la estadística se convirtió en una disciplina más formalizada. El matemático inglés Ronald Fisher introdujo conceptos como el diseño experimental y el análisis de la varianza, sentando las bases de la inferencia estadística moderna. Además, el estadístico británico Karl Pearson contribuyó al desarrollo de la teoría de la correlación y la distribución del chi-cuadrado.

Los experimentos se realizan en todos los campos del conocimiento con la intención de descubrir algo sobre un proceso o sistema en particular. El diseño de experimentos se define como un conjunto de técnicas activas que manipulan el proceso experimental para inducirlo a proporcionar la información que se requiere para mejorarlo. El diseño de experimentos es la forma más eficaz de hacer pruebas en procesos y consiste en determinar las pruebas pertinentes y el método para realizarlas, para obtener datos que al analizar estadísticamente produzcan conclusiones. Así el diseño de experimentos es la aplicación del método científico para generar conocimiento sobre un sistema o un proceso, por ejemplo, de una determinada reacción bioquímica o de la acción de un nuevo fármaco frente a un placebo.

2.8.1. Ronald Aylmer Fisher: El padre de la estadística moderna

Ronald Aylmer Fisher (1890-1962) fue un estadístico y biólogo británico que jugó un papel fundamental en el desarrollo de la estadística moderna y la biometría. Sus contribuciones fueron innovadoras y duraderas, abarcando campos como el análisis de varianza, la teoría de la estimación, la prueba de hipótesis, el diseño experimental y la genética estadística.

Biografía

Nacido en East Finchley, cerca de Londres, el 17 de febrero de 1890. Mostró un talento precoz para las matemáticas y la ciencia desde su temprana edad. Estudió matemáticas en el Gonville and Caius College de la Universidad de Cambridge, donde se graduó en 1912.

Trabajó como estadístico en la Compañía Mercantil y de Inversiones de Londres entre 1913 y 1919. Se desempeñó como profesor de matemáticas y física en varias escuelas públicas durante la Primera Guerra Mundial. En 1919, se unió a la Estación Experimental Agrícola de Rothamsted, donde realizó investigaciones pioneras en biometría y genética estadística.

Contribuciones

Desarrolló el análisis de varianza, una herramienta fundamental para el análisis de experimentos con múltiples factores.

Hizo importantes contribuciones a la teoría de la estimación, estableciendo métodos para obtener estimaciones precisas de parámetros poblacionales a partir de datos muestrales.

Introdujo la prueba de hipótesis, un marco para evaluar la evidencia estadística y tomar decisiones científicas.

Realizó un trabajo fundamental en el diseño experimental, estableciendo principios para diseñar experimentos que proporcionen información confiable y eficiente.

Contribuyó significativamente a la genética estadística, desarrollando métodos para analizar datos genéticos y estudiar la herencia de rasgos.

Diseño de experimentos

Ronald Fisher fue la persona que creó los métodos estadísticos en el diseño de experimentos. Durante algunos años estuvo a cargo de la estadística y del análisis de datos en la estación agrícola experimental Rothamsted en Londres. Allí Fisher desarrolló y usó por primera vez el análisis de la varianza (ANOVA) como herramienta primaria para el análisis estadístico en el diseño experimental. Muchas de las primeras aplicaciones de los métodos del diseño experimental se dieron en la agricultura y las ciencias biológicas. Sin embargo, las primeras aplicaciones Industriales del diseño experimental se hicieron en la década de 1930. En el diseño experimental se plantea un conjunto de pruebas experimentales de modo que los datos generados puedan ser analizados estadísticamente para obtener conclusiones válidas y objetivas.

La segunda oleada de matemáticos estadísticos fue iniciada por Fisher, quien escribió dos libros de texto, "Statistical Methods for Research Workers", publicado en 1925 y "The Design of Experiments" en 1935, que definirían la disciplina académica del diseño de experimentos en las universidades de todo el mundo. También sistematizar los resultados obtenidos por él y otros investigadores, poniéndolos en una base matemática firme. En su trabajo "The Correlation between Relatives on the Supposition of Mendelian Inheritance" de 1918, fue la primera persona en utilizar el término estadístico de la varianza.

En 1919, en la Estación Experimental de Rothamsted, inició un importante estudio de las extensas colecciones de datos registrados desde muchos años atrás. Esto resultó en una serie de informes bajo el título general "Studies in Crop Variation". En 1930 publicó "The Genetical Theory of Natural Selection" donde aplicó estadísticas a la evolución, una teoría muy innovadora en aquel tiempo. Durante los siguientes siete años, fue pionero en los principios del diseño de experimentos y desarrolló estudios del análisis de varianza (ANOVA) como método general para el análisis de los experimentos. Prosiguió sus estudios de las estadísticas de pequeñas muestras. Quizás aún más importante, comenzó su enfoque sistemático del análisis de datos reales como trampolín para el desarrollo de nuevos métodos estadísticos. Desarrolló también algunos algoritmos computacionales para analizar los datos de sus diseños experimentales balanceados.

El libro "Statistical Methods for Research Workers", publicado en 1925, se convirtió en el trabajo de referencia estándar para los científicos en muchas disciplinas. En 1935, este libro fue seguido por "The Design of Experiments", que también fue ampliamente utilizado.

Además del ANOVA, Fisher nombró y promovió el método de estimación de la máxima verosimilitud. Fisher también creó los conceptos de suficiencia, el discriminador lineal de Fisher y la información de Fisher, tan importantes en la estadística moderna. Su artículo "On a distribution yielding the error functions of several well known statistics" (1924), se presentó la prueba de chi cuadrado de Pearson y la t de William Gosset en el mismo marco que la distribución gaussiana, y su propio parámetro al análisis de varianza, más comúnmente utilizado décadas más tarde en la forma de la distribución F. El nivel de significación del 5% parece haber sido introducido por Fisher en 1925. Fisher indicó que las desviaciones que exceden el doble de la desviación estándar se consideran significativas, antes de que las desviaciones superiores a tres veces el error probable se considerara significativas. Para una distribución simétrica, el error probable es la mitad del intervalo intercuartílico. Para una distribución normal, el error probable es aproximadamente 2/3 de la desviación estándar.

2.9.El Siglo XX: La era de los computadores

Después de la Segunda Guerra Mundial (1939-1945) los métodos del diseño de experimentos se introdujeron en las industrias químicas y de transformación en Europa y Estados Unidos, con considerable éxito.

A medida que avanzaba el siglo XX, se produjeron importantes avances tecnológicos que transformaron la forma en que se recopilaban y analizaban los datos.

La llegada de las computadoras permitió realizar cálculos estadísticos más complejos y el procesamiento de grandes conjuntos de datos.

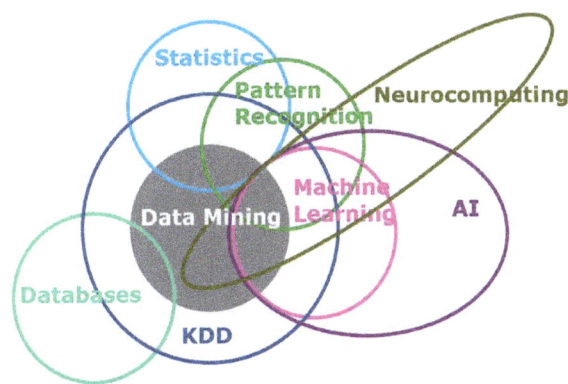

Relación de la Estadística con otras especialidades como "Machine Learning", "Artificial Inteligence" y otras .Fuente: www.analyticsvidhya.com

Desde la década de 1990 la estadística ha evolucionado rápidamente y se está solapando con otras disciplinas aparecidas también recientemente, como se puede ver en la figura 2. La Inteligencia Artificial (IA) es un proceso matemático/computacional complejo que mediante la combinación de algoritmos buscan crear sistemas o programas que permitan a las maquinas reproducir o emular las funciones cognitivas del ser humano con la finalidad de que estas ejecuten tareas e interactúen con las personas. Una de sus ramas se considera el aprendizaje automático.

Así, el ML es un desarrollo muy reciente y se considera una rama de la IA (AI n inglés), éste surgió en la década de 1990 gracias a los avances como la digitalización y la computación de datos científicos y la habilidad de los computadores en construir modelos que pueden aprender por sí mismos, algunos de los métodos que utiliza son:

- Árboles de decisiones
- Reglas de asociación
- Algoritmos genéticos
- Redes neuronales artificiales
- Máquinas de vectores de soporte (SVM)
- Algoritmos de agrupamiento
- Redes bayesianas

Existe gran confusión y solapamiento entre el campo de actuación del ML y la estadística inferencial, ya que las dos disciplinas se basan en el análisis de datos. Sin embargo, el ML incorpora la complejidad computacional de los problemas a su solución.

Finalmente, no hay que dejar de lado otros campos más clásicos como la probabilidad y estadística (Monleon & Rodriguez, 2017) que han evolucionado rápidamente gracias a las capacidades computacionales, esto se refleja en el campo de los métodos bayesianos computacionales muy utilizados actualmente en biología (Monleon & Crespo, 2010). Algunos métodos bayesianos se encuentran entre los más eficientes como son los métodos basados en "*Montecarlo Markov Chains*" (MCMC). Estos se basan en las propiedades de las cadenas de Markov. En los métodos bayesianos las hipótesis están gobernadas por una distribución de probabilidad y es posible tomar decisiones óptimas razonando con estas probabilidades y las observaciones.

El desarrollo de todas estas especialidades que se solapan está llevando al uso del término "Data Science" que reúne a todas o a gran parte de estas especialidades, no sólo para su uso con grandes volúmenes de datos sino para problemas con pocos datos, como sería el caso de los métodos bayesianos.

2.10. EL SIGLO XXI: BIG DATA Y LA CIENCIA DE LOS DATOS

Con la llegada del siglo XXI, la explosión de datos generados por las tecnologías de la información y la comunicación dio lugar al concepto de big data. El big data se refiere a la recopilación, almacenamiento y análisis de grandes volúmenes de datos, a menudo de diferentes fuentes y en tiempo real. Esto planteó nuevos desafíos para los estadísticos y analistas de datos, quienes tuvieron que desarrollar nuevas técnicas y herramientas para manejar y extraer conocimientos significativos de estos conjuntos masivos de datos.

La inteligencia artificial (IA) también ha desempeñado un papel fundamental en la evolución de la estadística y el análisis de datos en el siglo XXI. La IA se refiere a la capacidad de las máquinas para imitar y realizar tareas que requieren inteligencia humana, como el reconocimiento de patrones, el aprendizaje automático y la toma de decisiones. Las técnicas de IA, como el aprendizaje automático y las redes neuronales, han revolucionado la forma en que se realizan análisis de datos complejos y se extraen conocimientos significativos.

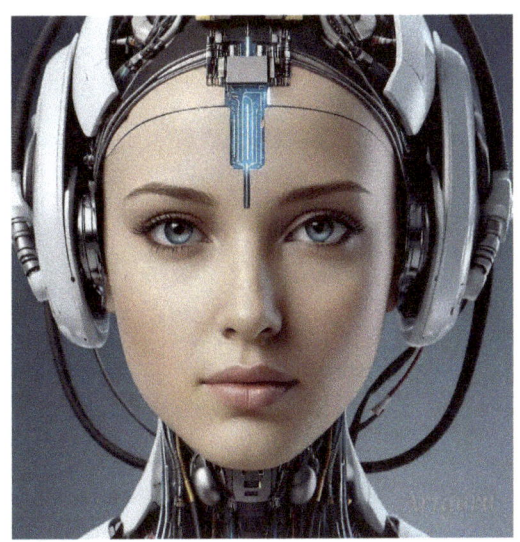

La ciencia de los datos, como campo de estudio formal, comenzó a desarrollarse a fines del siglo XX. Sin embargo, sus raíces se remontan a disciplinas como la Estadística, la Informática y las Matemáticas, que han existido desde hace mucho tiempo.

El término "ciencia de los datos" se popularizó a principios de la década de 2000. Se originó como una respuesta al creciente volumen y complejidad de los datos generados por las empresas y organizaciones, así como por el avance de las tecnologías de la información y la comunicación. A medida que la capacidad de recopilar y almacenar datos aumentaba exponencialmente, surgió la necesidad de técnicas y métodos para analizar y extraer información significativa de ellos.

Desde entonces, la ciencia de los datos ha experimentado un rápido crecimiento y se ha convertido en un campo multidisciplinario que combina estadísticas, matemáticas, informática y dominios específicos de conocimiento. Se aplica en una amplia variedad de industrias y sectores, desde el comercio minorista y las finanzas hasta la medicina y la investigación científica.

En resumen, aunque la ciencia de los datos tiene sus orígenes en disciplinas anteriores, su consolidación y reconocimiento como campo independiente se produjo a principios del siglo XXI.

La ciencia de los datos es un campo amplio y multidisciplinario que ha involucrado a muchos investigadores destacados a lo largo de los años. A continuación, se presentan algunos de los investigadores más influyentes en este campo:

1. William S. Cleveland: Es reconocido por su trabajo pionero en la visualización de datos y la exploración interactiva. Sus contribuciones han sido fundamentales para comprender y comunicar la información contenida en grandes conjuntos de datos.

2. Trevor Hastie, Robert Tibshirani y Jerome Friedman: Son conocidos por desarrollar el algoritmo LASSO y por su libro "The Elements of Statistical Learning". Han realizado contribuciones significativas en el campo del aprendizaje automático y la estadística aplicada.
3. Geoffrey Hinton: Es un investigador en el campo del aprendizaje profundo (deep learning) y se le atribuye el desarrollo de los modelos de redes neuronales convolucionales. Sus trabajos han sido fundamentales para los avances en el reconocimiento de imágenes y el procesamiento del lenguaje natural.
4. Yann LeCun: Es otro destacado investigador en el campo del aprendizaje profundo. Ha realizado importantes contribuciones en el área de las redes neuronales convolucionales y es conocido por su trabajo en el desarrollo de algoritmos de aprendizaje automático para el reconocimiento de imágenes.
5. Andrew Ng: Es una figura prominente en el campo del aprendizaje automático y la inteligencia artificial. Ha realizado investigaciones fundamentales en algoritmos de aprendizaje automático y es conocido por su trabajo en la creación de la plataforma educativa en línea Coursera.

Estos son solo algunos de los investigadores más influyentes en la ciencia de los datos, pero hay muchos otros cuyas contribuciones han sido igualmente significativas. El campo de la ciencia de los datos continúa evolucionando rápidamente y cada vez más investigadores están realizando contribuciones importantes en esta área.

2.11. LA ESTADÍSTICA EN EL SIGLO XXI: CAMPOS Y ESPECIALIDADES

Así algunos campos de la Estadística del siglo XXI actual son:

1. Métodos de aprendizaje automático: El aprendizaje automático, una rama de la estadística, ha experimentado avances significativos en los últimos años. Los algoritmos de aprendizaje automático, como las redes neuronales, los bosques aleatorios y las máquinas de vectores de soporte, han demostrado su eficacia en una amplia gama de aplicaciones, desde reconocimiento de voz y visión por computadora hasta análisis de datos genéticos y detección de fraudes.
2. Estadística bayesiana: La estadística bayesiana ha ganado popularidad en los últimos años debido a su capacidad para manejar de manera más efectiva la incertidumbre y la actualización de conocimientos a medida que se obtienen nuevos datos. Los métodos bayesianos permiten la incorporación de información previa y actualización continua a medida que se recopilan nuevos datos, lo que los hace especialmente útiles en el análisis de datos secuenciales y en la toma de decisiones adaptativa.
3. Métodos de selección de variables: En el contexto de conjuntos de datos grandes y complejos, el desarrollo de métodos eficientes de selección de variables se ha convertido en un tema de interés. Los métodos de selección de variables buscan identificar las variables más relevantes o predictivas en un

conjunto de datos, lo que ayuda a simplificar y mejorar los modelos estadísticos, así como a reducir el costo computacional asociado con datos de alta dimensión.

4. Estadísticas computacionales: Con el crecimiento de la capacidad informática, los avances en la estadística computacional han permitido el desarrollo de métodos y algoritmos más complejos y eficientes. Esto incluye técnicas como el muestreo de Monte Carlo, la optimización estocástica y la simulación estadística, que permiten abordar problemas estadísticos difíciles y obtener resultados más precisos y confiables.

5. Aplicación de la estadística en el big data: El advenimiento del big data ha planteado nuevos desafíos y oportunidades en el campo de la estadística. Los estadísticos han estado trabajando en el desarrollo de métodos para analizar grandes volúmenes de datos, extraer información relevante y realizar inferencias significativas en tiempo real. Esto ha llevado al surgimiento de técnicas como el aprendizaje en línea, el análisis distribuido y la visualización interactiva de datos.

Es importante tener en cuenta que la estadística es un campo en constante evolución y nuevos descubrimientos e avances surgen regularmente.

2.12 Los estudios de Estadística y el Laboratorio de Análisis de Datos de la Facultad de Biología / Universidad de Barcelona

En la Facultat de Biologia, la Sección de Estadística ha seguido de cerca estas tendencias y ha evolucionado para incorporar las técnicas de inteligencia artificial y big data tanto en la docencia que se imparte como en el desarrollo de nuevos métodos. Se ha centrado en la aplicación de métodos estadísticos avanzados para el análisis de datos biológicos, desde estudios epidemiológicos hasta genómica y ecología. Los expertos en estadística de la Facultad de Biologia han trabajado en colaboración con investigadores de otras disciplinas para abordar preguntas científicas complejas y ayudar en la toma de decisiones informadas basadas en datos.

Pero, veamos muy brevemente la historia de la Sección de Estadística del Departamento de Genética, Microbiología y Estadística de la Facultad de Biología (antes Departamento de Estadística).

En el pequeño Museo dedicado a la Estadística, llamado Rincón de los Datos, situado en el atrio de la Facultad de Biología de la Universidad de Barcelona pueden verse algunos objetos interesantes. En esta exposición se puede ver la placa metálica de la antigua entrada de la sala de terminales Vax que existía en el Edificio Margalef, en el antiguo Departamento de Estadística (actualmente donde se ubica el Museo Margalef en la planta baja del edificio Margalef de esta facultad).

Esta sala y el espacio en general perteneció al antiguo Laboratorio de Cálculo de la Universidad de Barcelona, fundado en 1968 y en el que se realizaban servicios de cálculo computacional para diferentes usuarios. Primero estuvo en el Edificio Histórico de la UB y después en la Facultad de Biología.

Este laboratorio adquirió unos ordenadores IBM60/30 e IBM70/90, punteros en esa época. La sala de terminales disponía de un conjunto de teclado y un monitor (fósforo verde) que estaban conectados a los ordenadores y los usuarios podían realizar diferentes acciones o cálculos. Estuvo en uso hasta la década de 1980, convertido ya en sala de prácticas para los estudiantes de Biología de la Facultad de Biología de la Universidad de Barcelona, que utilizaban software estadístico para su aprendizaje como el paquete BMDP (BioMeDical Program). BMDP es uno de los paquetes de software estadísticos más antiguos creado en 1961 por el profesor Wilfrid Dixon de la Universidad de California en Los Ángeles y lanzando dentro de la misma universidad, bajo su auspicio, desde 1962.

Profesor Carlos Cuadras en el antiguo Laboratorio de Cálculo de la Universidad de Barcelona, uno de los fundadores del Centro de Cálculo de la Universidad de Barcelona, que posteriormente derivaría en el Departamento de Estadística. (Foto perteneciente a Carlos Cuadras)

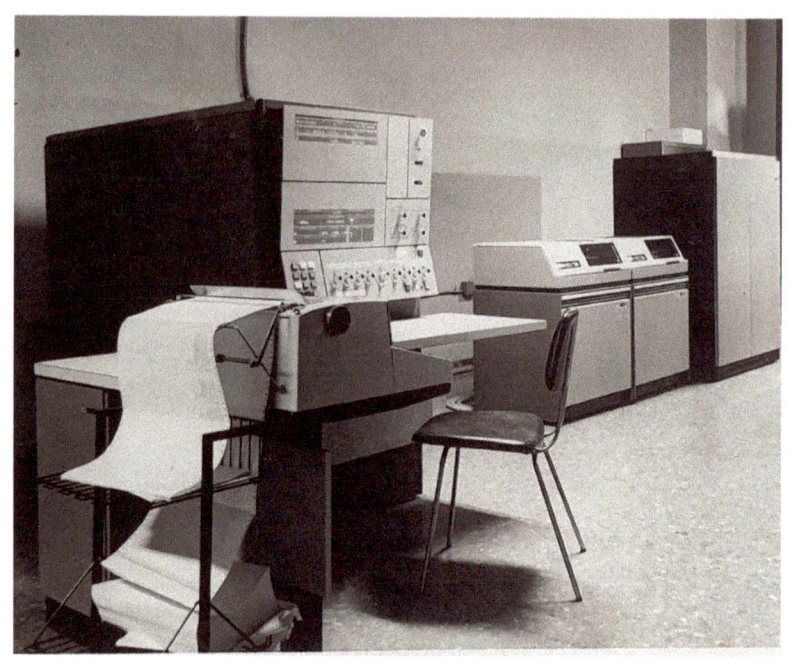

Ordenadores IBM en el antiguo Laboratorio de Cálculo de la Universidad de Barcelona (Foto perteneciente a Carlos Cuadras)

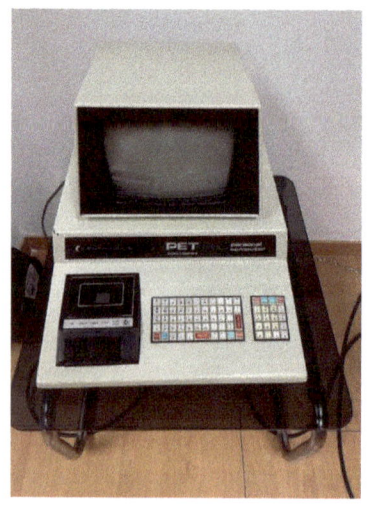

Ordenador PET perteneciente al antiguo Laboratorio de Cálculo de la Universidad de Barcelona (Foto realizada por A. Monleon)

Algunos miembros de diferentes generaciones de la Sección de Estadística (Antiguo Departamento de Estadística) de la Facultat de Biologia (UB)

Rincón de los Datos (Facultat de Biología de la Universidad de Barcelona)

2.12.1.Historia de las tarjetas perforadas

Una curiosidad que puede verse en el "Rincón de los datos" son tarjetas perforadas de los antiguos ordenadores del Centro de Cálculo de la UB.

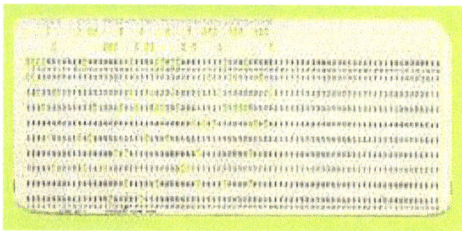

Tarjeta perforada: Tarjeta estándar 5081 de un fabricante no-IBM (Wikipedia, https://es.wikipedia.org/wiki/Tarjeta_perforada)

Orígenes:

Las tarjetas perforadas tienen su origen en el siglo XIX, cuando Joseph Marie Jacquard las utilizó para controlar telares automáticos. Este sistema permitía tejer patrones complejos sin necesidad de intervención manual. Muchos trabajadores textiles, conocidos como luditas, vieron en la automatización una amenaza a su sustento y forma de vida. Temían que las máquinas reemplazaran su trabajo manual, lo que provocaría desempleo y pobreza. Esta preocupación se intensificó con la expansión del uso de telares Jacquard en las fábricas. En respuesta a estos temores, los luditas recurrieron a la protesta y la destrucción. Entre 1811 y 1813, se produjeron una serie de disturbios en Inglaterra, donde los luditas atacaron fábricas y destruyeron telares Jacquard y otras máquinas automatizadas. El gobierno británico respondió a los disturbios con represión. Se aprobaron leyes más severas contra el vandalismo y se enviaron tropas para sofocar las protestas. Varios luditas fueron arrestados, juzgados y condenados, algunos incluso a la pena de muerte.

Herman Hollerith y el censo de 1890:

En 1890, el estadístico Herman Hollerith revolucionó el procesamiento de datos al aplicar la tecnología de Jacquard al censo de los Estados Unidos. Su máquina tabuladora, que utilizaba tarjetas perforadas para representar datos demográficos, redujo drásticamente el tiempo necesario para procesar la información. Este éxito impulsó la adopción de las tarjetas perforadas como medio de entrada de datos en diversos ámbitos.

IBM y la hegemonía de las tarjetas perforadas:

A mediados del siglo XX, IBM se convirtió en el principal proveedor de máquinas de procesamiento de tarjetas perforadas. Sus sistemas, como la Serie 1400, eran omnipresentes en universidades, empresas y gobiernos. Las tarjetas perforadas se convirtieron en el método estándar para introducir datos y programas en las computadoras durante décadas.

Características y funcionamiento:

Las tarjetas perforadas eran rectángulos de cartón fino en los que se codificaba información mediante perforaciones en posiciones específicas. Cada fila de perforaciones representaba un carácter o código específico. Las lectoras de tarjetas perforadas detectaban la presencia o ausencia de perforaciones y convertían la información en señales eléctricas que la computadora podía procesar.

Ventajas y desventajas:

Las tarjetas perforadas ofrecían varias ventajas: eran relativamente económicas, duraderas y permitían almacenar grandes cantidades de datos. Sin embargo, también presentaban desventajas: su manejo era manual y propenso a errores, la preparación de las tarjetas requería tiempo y atención, y su volumen podía ser considerable para grandes conjuntos de datos.

Declive y desaparición:

A partir de la década de 1960, la aparición de nuevos medios de almacenamiento y entrada de datos, como las cintas magnéticas y los discos duros, comenzó a desplazar a las tarjetas perforadas. Su uso se redujo gradualmente hasta su desaparición definitiva en las décadas de 1970 y 1980.

Legado:

Las tarjetas perforadas fueron un elemento crucial en el desarrollo de la informática moderna. Su simplicidad y eficiencia permitieron la automatización de tareas y sentaron las bases para el procesamiento de datos a gran escala. Aunque ya no se utilizan, su legado perdura como un símbolo de los inicios de la era digital.

2.12.2.Almacenamiento de datos

Los retos del almacenamiento de datos en la era Big Data

Uno de los desafíos más importantes que enfrentamos en Estadística y en la Ciencia en general es el almacenamiento de datos, especialmente en la era de las computadoras donde se requieren sistemas que permitan almacenar "Big Data". A lo largo de la historia, han surgido diferentes medios como dispositivos de almacenamiento de datos (cintas magnéticas, disquetes, discos duros, dispositivos en la nube, etc.). Estos son conjuntos de componentes electrónicos habilitados para leer o grabar datos en el soporte de almacenamiento de datos de forma temporal o permanente.

Cintas magnéticas: Un vistazo al pasado

En la exposición se pueden observar dos cintas magnéticas de almacenamiento de datos de la década de 1980, del tipo cinta IBM, que se usaban en el Departamento de Estadística. Las cintas magnéticas de almacenamiento de datos han sido utilizadas para el almacenamiento de datos durante los últimos 50 años. En este tiempo, se han realizado diversos avances en la composición de la cinta, el envoltorio y la densidad de datos.

La diferencia principal entre el almacenamiento en cintas y en discos es que la cinta es un medio de acceso secuencial, mientras que el disco es un medio de acceso aleatorio. Los ordenadores IBM de la década de 1950 utilizaban la cinta IBM de 7 pistas, la cual estaba cubierta de óxido férrico, similar a la utilizada en la grabación de audio. La tecnología IBM pronto se convirtió en el estándar de la industria.

Las dimensiones de una cinta magnética eran de 12,7 mm de ancho y se enrollaban sobre rodets intercambiables de 26,7 cm de diámetro. Diferentes longitudes de cinta estaban disponibles con 365 y 730 m, y con 0,38 mm de grosor. Más tarde, en la década de 1980, estuvieron disponibles cintas más largas de 1095 m, pero solo con un plástico muy fino llamado Mylar. La mayoría de los lectores podían soportar rodets de un tamaño máximo de 26,7 cm.

Disquetes: Reliquias de la era digital

En la exposición también se puede observar un disquete de 3 1/2 pulgadas de la década de 1990. El disquete o disco flexible fue un soporte de almacenamiento de datos de tipo magnético, formado por una fina lámina circular (disco) de material magnetizable y flexible (de ahí la denominación), encerrada en una cubierta de plástico, cuadrada o rectangular, que se utilizaba en el ordenador para, por ejemplo: disco de arranque, para transferir datos e información de un ordenador a otro, o simplemente para almacenar y proteger archivos.

La disquetera, unidad de disquete o unidad de disco flexible (FDD, de las siglas en inglés Floppy Disk Drive) es el dispositivo o unidad de almacenamiento que lee y escribe los disquetes, es decir, es la unidad lectora/grabadora de disquetes. Este tipo de soporte es vulnerable a la suciedad y a los campos magnéticos externos, por lo que deja de funcionar con el tiempo o por desgaste.

Reflexiones finales

La exposición sobre el almacenamiento de datos nos permite reflexionar sobre la rápida evolución de la tecnología y los desafíos que esta plantea. A medida que la cantidad de datos generados continúa creciendo exponencialmente, se hace necesario desarrollar nuevos y más eficientes sistemas de almacenamiento. La búsqueda de soluciones innovadoras para este problema es crucial para el avance de la ciencia y la tecnología en la era Big Data.

3.¿ES LA CIENCIA DE LOS DATOS, SÓLO UNA EVOLUCION NATURAL DE LA ESTADISTICA?

Sí, se puede decir que la ciencia de los datos es una evolución natural de la estadística. La estadística tradicional se ha centrado históricamente en la recolección, análisis y interpretación de datos, utilizando métodos y técnicas estadísticas para extraer información y tomar decisiones basadas en la evidencia.

La ciencia de los datos amplía el enfoque de la estadística al aprovechar avances tecnológicos y computacionales para manejar grandes volúmenes de datos (también conocidos como "big data") y extraer conocimientos útiles. Combina elementos de estadística, matemáticas, informática y dominio del campo de aplicación para abordar problemas complejos.

La ciencia de los datos se caracteriza por su enfoque en la recopilación de datos de diversas fuentes, incluidas bases de datos, sensores, redes sociales y registros electrónicos, entre otros. Luego, utiliza técnicas estadísticas y algoritmos de aprendizaje automático para analizar y extraer información significativa de estos datos. Además, se enfoca en la visualización de datos para comunicar de manera efectiva los resultados y las conclusiones obtenidas.

La ciencia de los datos también implica un enfoque más orientado a la resolución de problemas y a la toma de decisiones basada en datos. Busca encontrar patrones, tendencias y relaciones ocultas en los datos que puedan generar insights y permitir la toma de decisiones informadas.

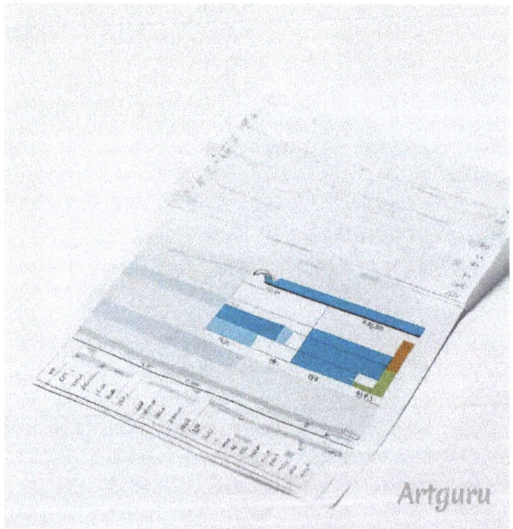

En resumen, la ciencia de los datos puede considerarse como una evolución de la estadística debido a su enfoque en el manejo de grandes volúmenes de datos, el uso de técnicas avanzadas de análisis y la aplicación de conocimientos de dominio específico. Aunque comparten muchos fundamentos y metodologías, la ciencia de los datos amplía el alcance de la estadística tradicional al incorporar nuevos enfoques tecnológicos y abordar problemas más complejos en diversas áreas.

3.1.¿CUÁL ES LA HISTORIA DE LA CIENCIA DE DATOS?

La ciencia de los datos tiene sus raíces en disciplinas como la estadística, las matemáticas y la informática. A lo largo de la historia, ha habido una evolución gradual hacia el campo de la ciencia de los datos, impulsada por avances tecnológicos, la disponibilidad de grandes cantidades de datos y la necesidad de analizar y extraer información significativa de ellos.

A continuación, se presenta un resumen de los hitos clave en la historia de la ciencia de los datos:

1. Estadística temprana y métodos de muestreo: La estadística comenzó a desarrollarse en el siglo XVIII con el trabajo de estadísticos como John Graunt, William Petty y Pierre-Simon Laplace. Se establecieron fundamentos teóricos y se desarrollaron métodos estadísticos básicos, incluido el muestreo, que es una herramienta fundamental en la ciencia de los datos.

2. Computación y estadísticas computacionales: Con el advenimiento de la informática en el siglo XX, se abrió la puerta a un procesamiento más rápido y eficiente de datos. El desarrollo de métodos de estadísticas computacionales y técnicas de análisis numérico permitió el análisis de conjuntos de datos más grandes y complejos.

3. Auge de los datos masivos (big data): En las últimas décadas, se ha producido una explosión en la cantidad de datos generados, almacenados y disponibles en diferentes campos y sectores. El crecimiento de internet, las redes sociales, los dispositivos conectados y otras fuentes de datos ha llevado al surgimiento del concepto de big data, que plantea desafíos y oportunidades en la ciencia de los datos.

4. Aprendizaje automático (machine learning): El aprendizaje automático es una rama de la inteligencia artificial que se enfoca en el desarrollo de algoritmos y modelos que pueden aprender de los datos y hacer predicciones o tomar decisiones sin ser programados explícitamente. El aprendizaje automático ha sido fundamental para la ciencia de los datos, permitiendo el análisis y la extracción de conocimientos a partir de grandes volúmenes de datos.

5. Avances en análisis de datos y visualización: La ciencia de los datos se ha beneficiado de los avances en técnicas de análisis de datos, como la minería de datos, la exploración visual de datos y la inteligencia de negocios. Estas herramientas y enfoques permiten descubrir patrones, tendencias y relaciones en los datos y comunicar los resultados de manera efectiva.

En general, la historia de la ciencia de los datos está marcada por una evolución gradual desde los fundamentos de la estadística y las matemáticas hasta el uso de técnicas computacionales avanzadas y análisis de grandes volúmenes de datos.

La disponibilidad de datos masivos y los avances tecnológicos han impulsado el desarrollo de la ciencia de los datos como una disciplina interdisciplinaria fundamental en la era moderna.

3.2.¿QUÉ ES EL MACHINE LEARNING?

El aprendizaje automático, conocido como machine learning en inglés, es una rama de la inteligencia artificial que se ocupa de desarrollar algoritmos y modelos que permiten a las máquinas aprender y tomar decisiones basadas en datos, sin necesidad de ser programadas explícitamente.

En lugar de seguir instrucciones específicas, los algoritmos de aprendizaje automático se diseñan para analizar datos y reconocer patrones, tendencias y relaciones en ellos. Estos algoritmos aprenden de los datos de entrenamiento y generan modelos que pueden utilizarse para hacer predicciones o tomar decisiones en nuevos conjuntos de datos.

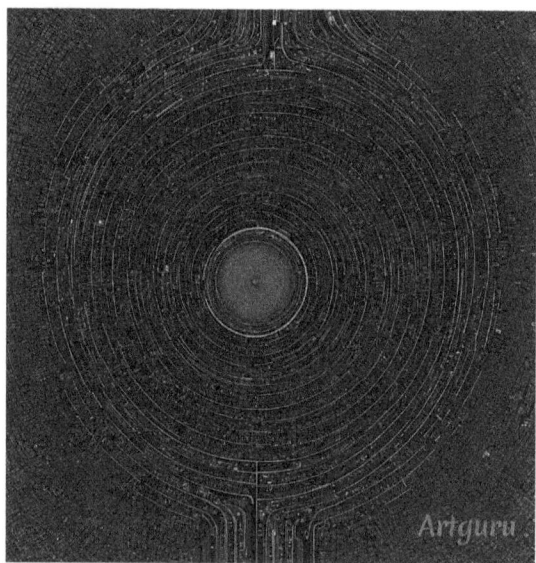

El proceso de aprendizaje automático generalmente se compone de los siguientes pasos:

1. Recopilación y preparación de datos: Se reúnen los datos relevantes para el problema en cuestión y se preparan para su procesamiento. Esto puede incluir limpiar los datos, eliminar valores atípicos, normalizarlos o transformarlos en una forma adecuada para el análisis.

2. Selección y entrenamiento del modelo: Se selecciona el algoritmo de aprendizaje automático adecuado según el tipo de problema y los datos disponibles. El modelo se entrena utilizando un conjunto de datos de entrenamiento, donde se le presentan ejemplos y se le indica cuáles son las respuestas correctas.

3. Evaluación y ajuste del modelo: Se evalúa el rendimiento del modelo utilizando un conjunto de datos de prueba que no se usaron durante el entrenamiento. Si el modelo no ofrece un rendimiento satisfactorio, se pueden realizar ajustes, como modificar los hiperparámetros del algoritmo o probar diferentes enfoques.

4. Uso del modelo para hacer predicciones o tomar decisiones: Una vez que el modelo ha sido entrenado y evaluado, se puede utilizar para hacer predicciones o tomar decisiones en nuevos datos sin etiquetas. El modelo aprende a generalizar a partir de los patrones identificados durante el entrenamiento.

El aprendizaje automático tiene una amplia variedad de aplicaciones en diferentes campos, como la visión por computadora, el procesamiento del lenguaje natural, la medicina, las finanzas, el marketing y más. Algunos ejemplos comunes de algoritmos de aprendizaje automático incluyen las redes neuronales, los árboles de decisión, las máquinas de vectores de soporte y los algoritmos de agrupamiento.

En resumen, el aprendizaje automático es una técnica de inteligencia artificial que permite a las máquinas aprender de los datos y tomar decisiones o hacer predicciones sin una programación explícita. Se basa en algoritmos y modelos que reconocen patrones en los datos y se utiliza en una amplia gama de aplicaciones para mejorar la eficiencia y la precisión de los sistemas automatizados.

3.3.¿EN CUANTAS DISCIPLINAS SE DIVIDE LA CIENCIA DE LOS DATOS?

La ciencia de los datos se divide en varias disciplinas que trabajan en conjunto para abordar diferentes aspectos del proceso de análisis de datos. Aunque la clasificación exacta puede variar según la fuente y el enfoque, a continuación se presentan algunas de las disciplinas principales dentro de la ciencia de los datos:

1. Estadística: La estadística es fundamental en la ciencia de los datos. Proporciona los fundamentos teóricos y las técnicas para el análisis de datos, incluyendo métodos de muestreo, inferencia estadística, modelos de regresión, análisis de varianza y más.

2. Aprendizaje automático (Machine Learning): El aprendizaje automático es una disciplina clave en la ciencia de los datos. Se enfoca en desarrollar algoritmos y modelos que pueden aprender de los datos y hacer predicciones o tomar decisiones sin ser programados explícitamente. Incluye subcampos como el aprendizaje supervisado, el aprendizaje no supervisado y el aprendizaje por refuerzo.

3. Minería de datos (Data Mining): La minería de datos se centra en descubrir patrones y conocimientos útiles en grandes conjuntos de datos. Utiliza técnicas de estadística, aprendizaje automático y visualización de datos para extraer información relevante y no trivial.

4. Análisis de datos: El análisis de datos implica explorar, limpiar, transformar y visualizar los datos para comprender mejor su estructura y extraer información relevante. Incluye técnicas de visualización, análisis exploratorio de datos, análisis descriptivo y análisis de series de tiempo, entre otros.

5. Ingeniería de características (Feature Engineering): La ingeniería de características implica la selección, transformación y creación de variables o características relevantes a partir de los datos originales. Estas características mejoradas se utilizan posteriormente para alimentar los modelos de aprendizaje automático.

6. Visualización de datos: La visualización de datos se ocupa de representar gráficamente los datos para comunicar información de manera efectiva. Incluye técnicas como gráficos, mapas de calor, diagramas de dispersión y otros métodos visuales.

Además de estas disciplinas principales, la ciencia de los datos también se relaciona con otras áreas como la optimización, el procesamiento del lenguaje natural, la inteligencia artificial y la computación de alto rendimiento.

Es importante destacar que estas disciplinas están interconectadas y se complementan entre sí para abordar diferentes aspectos del análisis de datos. La combinación de conocimientos y técnicas de estas disciplinas es esencial para obtener información valiosa y tomar decisiones informadas en el campo de la ciencia de los datos.

3.4.¿CÓMO VA A EVOLUCIONAR LA CIENCIA DE LOS DATOS?

La ciencia de los datos es un campo en constante evolución y se espera que continúe desarrollándose en el futuro. Aquí hay algunas tendencias y áreas clave que podrían influir en su evolución:

1. Mayor automatización: Se espera que la ciencia de los datos se vuelva más automatizada con el tiempo. A medida que se desarrollen algoritmos más sofisticados y se mejore la capacidad de procesamiento, se podrán automatizar tareas rutinarias de análisis de datos, lo que permitirá a los científicos de datos centrarse en tareas más complejas y estratégicas.

2. Inteligencia artificial y aprendizaje automático avanzado: El avance de la inteligencia artificial y el aprendizaje automático dará lugar a modelos más avanzados y sofisticados. Se espera que los algoritmos de aprendizaje automático sean más precisos, capaces de trabajar con conjuntos de datos más grandes y de aprender en tiempo real.

3. Énfasis en la ética y la privacidad: A medida que la ciencia de los datos se integra en más aspectos de nuestras vidas, surgirán preocupaciones éticas y de privacidad. Se espera que haya un enfoque creciente en el desarrollo de prácticas y marcos éticos para el manejo de datos, el uso responsable de algoritmos y la protección de la privacidad de los individuos.

4. Interdisciplinariedad: La ciencia de los datos continuará siendo un campo interdisciplinario que se beneficia de la colaboración entre expertos en estadística, matemáticas, informática y dominios específicos de aplicación. La colaboración entre diferentes disciplinas permitirá una comprensión más completa de los datos y una mejor aplicación de las técnicas de análisis.

5. Mayor enfoque en la interpretación y explicación de los resultados: A medida que los algoritmos de aprendizaje automático se vuelven más complejos y se utilizan en aplicaciones críticas, se hará hincapié en la interpretación y explicación de los resultados. La capacidad de comprender y comunicar los hallazgos de manera clara y accesible será cada vez más importante.

6. Análisis de datos en tiempo real: Con el avance de la tecnología de procesamiento de datos en tiempo real, se espera que el análisis de datos en tiempo real desempeñe un papel crucial en la ciencia de los datos. Esto permitirá una toma de decisiones más rápida y basada en datos en diversos campos, como la atención médica, la industria, las finanzas y más.

Estas son solo algunas de las posibles direcciones en las que puede evolucionar la ciencia de los datos. A medida que la tecnología avanza y las necesidades de la sociedad cambian, es probable que surjan nuevas áreas de enfoque y aplicaciones para la ciencia de los datos.

Como síntesis a este apartado podemos afirmar que eran los estadísticos quienes hacen sólo unos pocos años desarrollaban su tarea principalmente para ayudar a las personas a tratar matemáticamente los problemas de los datos pre-ordenador, cómo probar el impacto de los fertilizantes en la agricultura, o averiguar la precisión de una estimación a partir de una pequeña muestra. Actualmente no son sólo ellos los que hacen estas tareas, sino que trabajan en grupos multidisciplinares con informáticos, matemáticos, físicos, científicos de datos formando un "*Data Science team*". Los problemas no han cambiado, si su volumen y complejidad, ha cambiado la manera de abordar las soluciones a los mismos con un nuevo aliado: la IA. El "Data Science" remarca los problemas de los datos del siglo XXI, como el acceso a la información de grandes bases de datos, el "Big Data", la escritura de código para manipular los datos y la visualización de datos.

3.5.¿CUÁL ES EL FUTURO DE LA ESTADÍSTICA?

El futuro de la estadística se presenta emocionante y prometedor, impulsado por los avances tecnológicos, el aumento exponencial de los datos y la necesidad creciente de tomar decisiones basadas en evidencia. A continuación, se presentan algunas tendencias y áreas clave que podrían influir en el futuro de la estadística:

1. Ciencia de los datos y aprendizaje automático: La estadística se encuentra en una posición privilegiada para aprovechar el potencial de la ciencia de los datos y el aprendizaje automático.
2. La combinación de métodos estadísticos tradicionales con técnicas de aprendizaje automático y minería de datos permite un análisis más sofisticado y preciso de los datos.
3. Análisis de grandes conjuntos de datos: La explosión de datos generados por diversas fuentes, como redes sociales, sensores, dispositivos móviles, entre otros, está impulsando la necesidad de técnicas estadísticas para el análisis de grandes volúmenes de datos. La estadística juega un papel crucial en el procesamiento, la visualización y la interpretación de estos datos masivos.
4. Estadística bayesiana: La estadística bayesiana, que se basa en la actualización de creencias a través de la evidencia, está ganando popularidad debido a su flexibilidad y capacidad para manejar la incertidumbre. En el futuro, se espera que la estadística bayesiana desempeñe un papel aún más importante en la toma de decisiones, especialmente en áreas como la medicina, la ingeniería y las finanzas.
5. Análisis espacial y temporal: El análisis estadístico de datos espaciales y temporales es crucial en áreas como la climatología, la epidemiología, la planificación urbana y la gestión de recursos naturales. La estadística espacial y temporal continuará siendo relevante en el futuro, ya que se generan cada vez más datos relacionados con la ubicación y el tiempo.
6. Ética y privacidad de los datos: A medida que la recopilación y el análisis de datos se vuelven más ubicuos, surge la necesidad de abordar cuestiones éticas y de privacidad. Los estadísticos desempeñarán un papel fundamental en el desarrollo de marcos éticos y enfoques para garantizar el uso responsable de los datos y la protección de la privacidad de las personas.

En resumen, el futuro de la estadística se vislumbra emocionante y lleno de oportunidades. La estadística seguirá siendo una disciplina fundamental para el análisis de datos, la toma de decisiones basada en evidencia y el descubrimiento de conocimiento en una amplia gama de campos y sectores.

3.6. EVOLUCION DE LA ESTADISTICA A LA CIENCIA DE LOS DATOS

El paso de la estadística a la ciencia de los datos se produjo como respuesta a la creciente disponibilidad de datos masivos y la necesidad de extraer conocimientos y valor de ellos. Si bien la estadística tradicional se centraba principalmente en el análisis de datos pequeños y bien estructurados, la ciencia de los datos aborda conjuntos de datos mucho más grandes, complejos y no estructurados.

Aquí están algunos aspectos clave que caracterizan el paso de la estadística a la ciencia de los datos:

1. Volumen de datos: La estadística tradicional se centraba en el análisis de muestras y conjuntos de datos relativamente pequeños. En contraste, la ciencia de los datos se ocupa de grandes volúmenes de datos, que a menudo son generados en tiempo real y en diversas fuentes, como redes sociales, sensores, registros transaccionales, etc.
2. Variedad de datos: Los datos en la ciencia de los datos son muy diversos y pueden incluir texto, imágenes, audio, video, datos de sensores, datos de transacciones, etc. Esto requiere el desarrollo de métodos y técnicas para abordar la heterogeneidad y la no estructuración de los datos.
3. Velocidad de procesamiento: La ciencia de los datos se enfrenta al desafío de analizar grandes volúmenes de datos en tiempo real o cerca del tiempo real. Se requieren métodos y herramientas eficientes para el procesamiento y análisis rápido de datos.
4. Aprendizaje automático y algoritmos: La ciencia de los datos ha ampliado el enfoque más allá de la inferencia estadística tradicional y ha adoptado técnicas de aprendizaje automático (machine learning) y algoritmos avanzados para descubrir patrones, realizar predicciones y tomar decisiones basadas en datos.
5. Visualización y comunicación de datos: La ciencia de los datos enfatiza la importancia de la visualización de datos para comunicar resultados y patrones de manera efectiva. Se han desarrollado herramientas y técnicas para crear visualizaciones interactivas y comprensibles que ayudan a transmitir información clave a los usuarios.
6. Escalabilidad y computación en la nube: La ciencia de los datos ha aprovechado los avances en la computación en la nube y las tecnologías escalables para manejar y procesar grandes conjuntos de datos de manera eficiente. Esto permite realizar análisis a gran escala y en paralelo.

En resumen, el paso de la estadística a la ciencia de los datos implica una ampliación de enfoque para abordar los desafíos asociados con la gran cantidad y variedad de datos disponibles en la actualidad. La ciencia de los datos combina principios y métodos de la estadística con técnicas de aprendizaje automático, procesamiento de datos a gran escala y visualización para obtener información y conocimientos significativos a partir de los datos.

3.7. ESTADÍSTICA Y ANÁLISIS DE DATOS: PASADO, PRESENTE Y FUTURO. UNA PERSPECTIVA Y RESUMEN HISTÓRICO:

Pasado:

- La estadística ha sido utilizada desde tiempos antiguos para recopilar información y tomar decisiones informadas. En su forma más primitiva, se utilizaban métodos estadísticos simples, como el recuento de objetos o la recolección de datos sobre poblaciones. Durante el siglo XIX, la estadística comenzó a desarrollarse como una disciplina más formal, con la introducción de conceptos como la media, la desviación estándar y la inferencia estadística.

- A lo largo del siglo XX, la estadística experimentó un gran desarrollo con el avance de la teoría de la probabilidad, el análisis de regresión y el enfoque en la inferencia estadística. La estadística se aplicó en diversos campos, como la medicina, la agricultura, la industria y las ciencias sociales, y se convirtió en una herramienta fundamental para la toma de decisiones basadas en evidencia.

Presente:

- En la actualidad, la estadística ha evolucionado hacia la ciencia de los datos. Con el advenimiento de la tecnología y la disponibilidad masiva de datos, el análisis de datos se ha vuelto más complejo y desafiante. La ciencia de los datos combina métodos estadísticos tradicionales con técnicas de aprendizaje automático, minería de datos y visualización para extraer conocimientos y patrones de grandes volúmenes de datos no estructurados.

- La estadística y el análisis de datos son fundamentales en una amplia gama de industrias y disciplinas, como el comercio electrónico, la atención médica, las finanzas, la publicidad, la seguridad, entre otros. La toma de decisiones basada en datos y la comprensión de los patrones y tendencias ocultos en los datos son cruciales para el éxito en el entorno actual.

Futuro:

- El futuro de la estadística y el análisis de datos se presenta emocionante y prometedor. Se espera que la disponibilidad de datos continúe aumentando exponencialmente con el crecimiento de la tecnología de Internet de las cosas, la inteligencia artificial y la digitalización de las actividades humanas. Esto abrirá nuevas oportunidades y desafíos para los estadísticos y científicos de datos.

- Se espera que las técnicas de análisis de datos se vuelvan más sofisticadas, con un enfoque en el análisis de datos no estructurados, como imágenes, texto y video. La inteligencia artificial y el aprendizaje automático seguirán desempeñando un papel importante en el desarrollo de modelos predictivos y prescriptivos más precisos y efectivos.
- Además, se espera que la ética y la privacidad de los datos sean áreas cada vez más importantes de consideración. A medida que más datos personales se recopilen y se utilicen para la toma de decisiones, será crucial garantizar que se utilicen de manera responsable y se proteja la privacidad de las personas.
- En resumen, la estadística y el análisis de datos han experimentado una evolución significativa desde su pasado hasta su presente como ciencia de los datos. En el futuro, se espera que sigan siendo fundamentales en la toma de decisiones basadas en datos y que se desarrollen nuevas técnicas y enfoques para abordar los desafíos emergentes relacionados con el crecimiento de los datos y la tecnología.

3.8. REGRESIÓN LOGÍSTICA: UNA HERRAMIENTA ESTADÍSTICA PARA PREDECIR LOS RIESGOS EN SALUD.

Bajo el término de modelos de regresión se agrupa una serie de técnicas estadísticas cuyo objetivo es explicar cómo varía la variable dependiente o de resultado cuando se modifican una o varias variables independientes o predictoras.

La principal característica que distingue a las diferentes clases de modelos de regresión es la naturaleza de la variable dependiente. Por ejemplo, en el caso de variables continuas, se utiliza mayoritariamente el modelo de regresión lineal; mientras que, para variables dicotómicas, el modelo de regresión logística es el más común.

La regresión logística es una herramienta estadística muy poderosa y versátil, ampliamente utilizada en los campos de la clínica y la epidemiología para analizar datos. Se desarrolló en los años sesenta (Jones,1975) y su uso se popularizó a partir de los ochenta, especialmente con el avance de las computadoras que facilitó su aplicación. En los últimos años, el uso de la regresión logística ha aumentado notablemente, siendo frecuentemente mencionada tanto en artículos metodológicos como en investigaciones científicas en biomedicina.

Cuando se aplica la regresión logística, la relación entre las variables independientes y la probabilidad de que ocurra el evento se representa mediante una curva sigmoidea (en forma de "S"). Esta curva se ajusta a los datos y muestra cómo cambia la probabilidad de éxito a medida que cambian las variables independientes. Como veremos a continuación, con unos simples indicadores podemos calcular cual es la probabilidad de tener una enfermedad respecto a una serie de factores o variables que la podrían estar explicando. Usaremos el ejemplo de la diabetes tipo II que es una enfermedad caracterizada por resistencia a la insulina, lo que significa que el cuerpo no puede usar la insulina de manera efectiva, y/o una producción insuficiente de insulina por el páncreas. Esto lleva a niveles elevados de glucosa en la sangre. Se ha estudiado que la causa de la enfermedad puede deberse a factores genéticos y principalmente ambientales y/o hábitos de vida poco saludables como el sedentarismo o la alimentación con comida ultra procesada y rica en ácidos grasos perjudiciales.

Un caso práctico de la regresión logística usando los Odds Ratios en la diabetes.

Los odds ratios (OR) son una medida de asociación que se utiliza en estudios epidemiológicos, particularmente en análisis de regresión logística, para describir la relación entre una variable independiente (predictora) y una variable dependiente binaria (dicho de otro modo, la probabilidad de que ocurra un evento en comparación con la probabilidad de que no ocurra).

El odds ratio compara las odds (probabilidades) de un evento ocurriendo en un grupo con las odds de que ocurra en otro grupo. Imaginemos un caso donde queremos estudiar la probabilidad de tener diabetes o no a partir de la variable independiente de tener obesidad. En ese contexto los Odds y los Odds Ratio serían:

- Odds: La probabilidad de tener diabetes en comparación con la probabilidad de no tener diabetes.

- Odds Ratio: La razón de las odds de tener diabetes para las personas obesas comparadas con las odds de tener diabetes para las personas no obesas.

Ahora, si quisiéramos estudiar más variables al mismo tiempo podríamos hacerlo fácilmente. Imaginemos que vamos a un centro de salud y elegimos aleatoriamente 400 personas. Donde 200 personas tienen diabetes y 200 personas no tienen diabetes. Al introducir los datos y hacer un modelo de regresión logística vemos los siguientes resultados en la tabla a continuación:

Variable	Odds Ratio (OR)	Valor P
Obesidad	2.2	<0.01
Fumar	1.9	<0.01
Enfermedad Renal Crónica	1.6	0.04
Colesterol total > 220 mg/dL	1.1	0.03

Los valores P que sean menores a 0.05 nos ayudan a dar sustento estadístico. Es decir, que hay escasas probabilidades que los factores de riesgo que estamos estudiando se deban al azar, de echo hay una probabilidad menor al 5% (0.05).

Entonces, estamos en buen camino por los resultados que nos entrega nuestra tabla ya que todos tienen un valor inferior a 0.05. Luego, las probabilidades (OR) de tener diabetes para una persona obesa son 2.2 veces mayores que para una persona no obesa. De esta forma, fácilmente podemos decir que la obesidad podría ser un factor de riesgo para tener diabetes. En el caso de las personas que fuman es 1.9, es decir, los fumadores son 1.9 veces mas propensos a tener diabetes que los no fumadores. Entonces, para las personas con enfermedad renal crónica 1.6 y para las personas que tienen un colesterol total en sangre de 1.1. Un gráfico producido en el lenguaje de programación en R nos podría ayudar a visibilizar clara

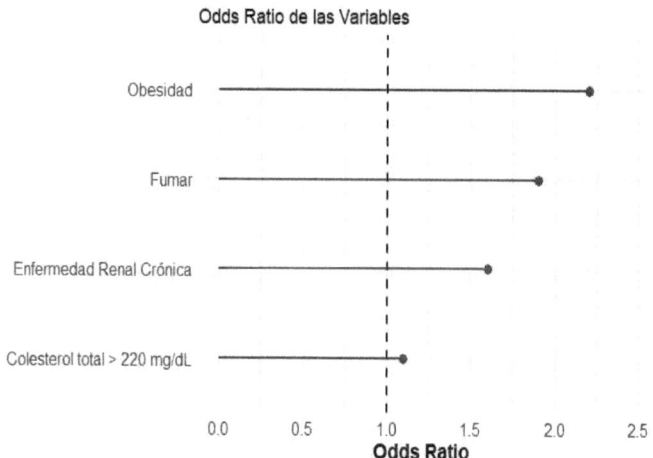

Así, siempre que encontremos OR > 1 podemos decir que la variable constituye un factor de riesgo. Así, fumar, tener enfermedad crónica y tener el colesterol total alterado serían factores que incrementan la probabilidad de tener diabetes. Esto concuerda con el valor biológico que tienen estos factores de riesgo, por lo general, generan una serie de reacciones inflamatorias en el endotelio de todos los vasos sanguíneos, lo que podrían acelerar el esfuerzo del páncreas por producir insulina en nuestro cuerpo, que es la hormona que ayuda a bajar los niveles de azúcar en sangre luego de comer. Entonces, este sobre esfuerzo continuo llevaría a la producción ineficiente de insulina culminando en el desarrollo total de la enfermedad de diabetes tipo II. Así, de esta forma las personas que se dedican a trabajar en la investigación y la salud podrían realizar estudios para identificar nuevos factores de riesgos en la población y actuar anticipadamente para su prevención primaria y secundaria; es decir, prevenir que aparezca la enfermedad y prevenir que la enfermedad avance a niveles más graves como por ejemplo retinopatía diabética o complicaciones de ulceras de pie diabético que pueden terminar en la amputación de extremidades inferiores.

4.REFERENCIAS

Artículos de revista:

- **Broatch, JE; Dietrich, S; Goelman, D.** (2019). Introducing Data Science Techniques by Connecting Database Concepts and dplyr. Journal of statistical education, 27 (3) [Ver en: https://iss.fudan.edu.cn/ECON170017FoundationofDataScience-CAOYingjun.pdf]
- **Cuadras, CM.** (2002). El coeficiente de correlación y sus extensiones. Las matemáticas del mundo y el mundo de las matemáticas. Francisco R. Fernández (editor). Edicions Universitat de Barcelona, 117-130.
- **Efron, B. (2010).** A Short History of Statistics.
- **FECYT – Fundación Española para la Ciencia y Tecnología. Ministerio de Ciencia, Innovación y Universidades. Gobierno de España.** (2019). Estrategia Española de I+D+I en Inteligencia Artificial. [Ver en: https://www.ciencia.gob.es/dam/jcr:5af98ba2-166c-4e63-9380-4f3f68db198e/Estrategia_Inteligencia_Artificial_IDI.pdf]
- **Galton, F.** (1886). Regression Towards Mediocrity in Hereditary Stature. Journal of the Anthropological Institute, 15, 246–263. [Ver en: [se quitó una URL no válida]]
- **Liu, A.** (2015). Data Science and Data Scientist. [Ver en: http://researchmethods.org/]
- **Monleon-Getino, A; Canela-Soler, J.** (2017). Causality in Medicine and Its Relationship with the Role of Statistics. Biomedical Statistics and Informatics 2 (2), 61-68

- **Porter, T. M. (1996).** The Role of Statistics in the History of Science.
- **Shea, C. (2001).** The History of Mathematics: A Journey Through Numbers and Ideas.
- **Stanton, JM.** (2001). Galton, Pearson, and the Peas: A Brief History of Linear Regression for Statistics Instructors. Journal of Statistics Education 9(3). [Ver en: [se quitó una URL no válida]]
- **Stigler, S. M. (1999).** The Development of Statistics: A Historical Overview.
- **Stigler, SM.** (1989). Francis Galton's Account of the Invention of Correlation. Statistical Science 4 (2), 73-79.
- **Vignetti, G. (2015).** The History of Probability and Statistics: From the Early Days to the Modern Era.
- **Jones RH. (1975).**Probability estimation using a multinomial logistic function. Journal of Statistical and Computer Simulation.3:315-29.

Libros:

- **Boyer, C. B.** (1968). A History of Mathematics.
- **Bulmer, M.** (2003). Francis Galton: Pioneer of Heredity and Biometry. Johns Hopkins University Press, USA.
- **Eves, H.** (1969). La historia de la matemática.
- **Fernández Bravo, J. A.** (2004). Historia de la ciencia: matemáticas.
- **Fuente Solana, E. I. de la, & Guàrdia i Olmos, J.** (2010). Historia de la estadística.
- **Hayashi, C.** (1998). Studies in Classification, Data Analysis, and Knowledge Organization. Springer Japan, 40-51.
- **Kehlmann, D.** (2005) La medición del mundo: un fascinante encuentro entre la literatura y la ciencia. Ed. Maeva
- **Monleón-Getino, T.** (2005). Optimización de los ensayos clínicos de fármacos mediante simulación de eventos discretos, su modelización, validación, verificación y la mejora de la calidad de sus datos. Universitat de Barcelona
- **Monleón-Getino, T.** (2010). El tratamiento numérico de la realidad. Reflexiones sobre la importancia actual de la estadística en la Sociedad de la Información. Arbor, 186 (743), 489-497
- **Monleón-Getino, T.** (2010). Importancia de Darwin en el desarrollo de la estadística moderna. Revista Estadística Española, 52 (175), 371-391.
- **Monleón-Getino, T.** (2016). Reflexiones sobre la importancia de la enseñanza de las matemáticas y la estadística. Recopilación. Lulu press inc, USA.
- **Monleón-Getino, T.** (2017). "Diseño y planificación de estudios científicos: Calidad de datos (data management) y principios de diseño experimental)" (Monleón-Getino, 2017. Lulu press inc, USA.
- **Monleón-Getino, T.** (2019). "Diseño de experimentos en biociencias. Análisis estadístico y su diagnóstico con R" (Monleón-Getino. Lulu press inc, USA.
- **Monleón-Getino, T; Casado, CR.** (2015). Probabilitat i estadística per a ciències II. Edicions Universitat Barcelona

- **Monleón-Getino, T; Casado, CR.** (2017). Probabilitat i estadística per a ciències II. Edicions Universitat Barcelona
- **Monleón-Getino, T; Crespo-Palomo, C.** (2010). WIN-BUGS: un software para el análisis de modelos bayesianos usando MCMC. Lulu press.
- **Monleón-Getino, T; Vegas, E., Reverter, F.** (2017). Big Data. Hacia la cuarta revolución industrial. Edicions Universitat Barcelona
- **Nightingale David, F.** (2006). Estadística: una historia de ideas.
- **Stigler, S. M.** (1986). The History of Statistics.
- **Witlock, H.** (2001). Historia de la estadística: desde sus orígenes hasta la actualidad.

Sitios web:

- **Mordor intelligence.** (2020). Artificial Intelligence In Life Sciences Market - Growth, Trends, Forecasts (2020 - 2025). The Artificial Intelligence in Life Sciences Market is segmented by Application (Drug Discovery, Medical Diagnosis, Biotechnology, Patient Monitoring), and Geography. [Ver en: https://www.mordorintelligence.com/industry-reports/global-artificial-intelligence-market]

5.EPÍLOGO: LA ESTADÍSTICA EN EL SIGLO XXI: UN VIAJE HACIA LA INCERTIDUMBRE Y EL CONOCIMIENTO

En las páginas precedentes, hemos recorrido la fascinante historia de la estadística, desde sus inicios como herramienta para contar y registrar datos hasta su actual posición como disciplina científica fundamental. Hemos visto cómo la estadística ha evolucionado a lo largo de los siglos, adaptándose a los nuevos desafíos y necesidades de la sociedad.

Hoy en día, la estadística se encuentra en un momento crucial de su desarrollo. La incertidumbre se ha convertido en una característica omnipresente en nuestras vidas, desde el cambio climático hasta las complejas dinámicas sociales y económicas. En este contexto, la estadística se ha convertido en una herramienta ineludible para cuantificar esa incertidumbre, para explorarla y, en última instancia, para comprenderla.

La revolución del siglo XX: La última parte del siglo XX fue testigo de una evolución sin precedentes en el campo de la estadística. El poder de las matemáticas y la computación abrió nuevas posibilidades, dando lugar a nuevas disciplinas como la ciencia de datos. Esta disciplina, que combina métodos estadísticos con técnicas de inteligencia artificial, ha permitido abordar problemas que antes eran inimaginables.

Un ejemplo de esta revolución:Imaginemos un problema aparentemente simple: cuantificar cuántos tipos de clases hay en una imagen biológica. Hace unos pocos años, este problema parecía insoluble. Sin embargo, gracias a la ciencia de datos y a la inteligencia artificial, ahora podemos abordarlo con herramientas estadísticas sofisticadas.

El futuro de la estadística: El siglo XXI está lleno de promesas y desafíos para la estadística. La creciente complejidad del mundo y la necesidad de tomar decisiones basadas en datos fiables hacen que la estadística sea más importante que nunca. A medida que la tecnología avanza, la estadística seguirá evolucionando, adaptándose a las nuevas necesidades y abriendo nuevas fronteras del conocimiento.

La estadística no solo es una herramienta para científicos y expertos, sino que también es una forma de pensar. Nos permite comprender el mundo que nos rodea, tomar decisiones informadas y construir un futuro mejor. En un mundo cada vez más incierto, la estadística es nuestra brújula, nuestra guía para navegar por la complejidad y encontrar el camino hacia el conocimiento.

En definitiva, la estadística es un viaje fascinante que nos lleva desde la incertidumbre hacia el conocimiento. Un viaje que no ha hecho más que comenzar y que promete ser aún más emocionante en los años venideros.